Gustav Klähn

Hydrographische Studien im Sundgauer Hügelland

Gustav Klähn

Hydrographische Studien im Sundgauer Hügelland

ISBN/EAN: 9783743696365

Hergestellt in Europa, USA, Kanada, Australien, Japan

Cover: Foto ©ninafisch / pixelio.de

Weitere Bücher finden Sie auf **www.hansebooks.com**

FRAU AUGUSTE BRÜGMANN geb. WÖMPNER

IN TIEFSTER EHRFURCHT UND DANKBARKEIT GEWIDMET

vom VERFASSER.

Einleitung.

Wenn wir uns auf einer Karte in grösserem Massstabe [1] das Gebiet im Süden und Südwesten der Vogesen ansehen, so fällt uns dort eine Unmenge von Seen auf, von denen man, da sie nahe beisammen und zudem in einer sehr niederschlagsreichen Gegend liegen, auf den ersten Blick annehmen möchte, dass sie alle auf die gleiche Weise entstanden seien. Eine nähere Untersuchung zeigt jedoch, dass eine solche Annahme eine durchaus irrige sein würde. So sind z. B. die sämtlichen Seen, welche im W. der Ill vom Jura bis Altkirch und im S. des Rhein-Rhône-Kanals von Illfurt bis Morvillars (s. s. ö. von Belfort) sich befinden, eine durchaus für sich abgeschlossene, eigenartige Bildung.

Da nun diese Seengruppe noch nicht untersucht worden ist, so entschloss ich mich — zumal man in neuerer Zeit überall das Studium der Seen sehr energisch in Angriff genommen hat — zur Ausführung dieser, und zwar zunächst nur dieser Arbeit. Es zeigte sich aber bald, dass zwischen den Seen und den Flüssen ein ausserordentlich enger Zusammenhang besteht, dass ausserdem das von uns begrenzte Seengebiet und das östlich von der vorhin be-

---

[1] Z. B. der „Karte von Elsass-Lothringen, 1 : 400 000, Strassburg, Strassburger Druckerei".

zeichneten Illstrecke bis zur Linie Basel-Sierenz sich erstreckende Terrain durch dieselben Kräfte gebildet worden sind. Ich sah mich deshalb genötigt, meine Untersuchungen weiter, als ursprünglich beabsichtigt war, auszudehnen und meinem Thema die w e i t e r e, a l l g e m e i n e r e Fassung: „Hydrographische Studien im Sundgauer Hügellande" zu geben.

Mein Untersuchungsgebiet umfasst also denjenigen Teil des Sundgauer Hügellandes, welcher im N. durch den Rhein-Rhône-Kanal von Mülhausen bis Morvillars, im S. durch den Jura und im E. durch die oberrheinische Tiefebene begrenzt wird.

Dass ich den n ö r d l i c h des Rhein-Rhône-Kanals gelegenen Teil des Sundgauer Hügellandes von meiner Besprechung ausschliesse, hat seinen Grund darin, dass derselbe nicht durch die gleiche wirkende Kraft gebildet worden ist, die unser Gebiet geschaffen hat (vgl. spätere Ausführung).

Bevor ich an meine eigentliche Aufgabe herangehe, will ich eine kurze o r o g r a p h i s c h e und, soweit es zum Verständnis der hydrographischen Verhältnisse nötig ist, auch eine gedrängte g e o l o g i s c h e U e b e r s i c h t von unserem Gebiete geben.

Orographisch-geologischer Ueberblick.

Wenn man das Sundgauer Hügelland nach allen Richtungen hin durchwandert, so fällt einem bald überall die im ganzen gleichartige o r o g r a p h i s c h e Beschaffenheit desselben auf: stets findet man ein mehr oder weniger starkwelliges Terrain, das von breiten Thälern und Rücken gebildet ist. Wir haben es hier jedoch nicht mit gleichmässig hoch sich erstreckenden, sondern mit solchen

Höhenzügen zu thun, die mehr oder weniger oft durch flachere oder tiefere Sättel durchbrochen sind.

Die Höhenpunkte nehmen im allgemeinen von S. nach N.,[1] weit weniger auffallend von E. nach W. ab, was aus folgenden Beispielen zu ersehen ist.

Nehmen wir die Messtischblätter Volkensberg und Landser, ferner Altkirch und Hirsingen, so finden wir folgende beiden Linien mit den in süd-nördlicher Richtung abnehmenden Gipfelhöhen:

1) östlich von Bettlach 525,1 m
   o. s. ö. von Cäsarhof 502,8 m
   Volkensberg 470,3 m
   n. ö. von Knöringen 445,2 m
   Dreihäuser 423,7 m
   w. von Helfrantskirch 413,1 m
   n. w. von ,, 408,3 m
   im Grossholz 406,0 m
   w. von Stetten 397,2 m
   w. von Niedermagstatt 324,3 m ;
2) westlich von Moos 442,9 m
   n. von Bisel 424,8 m
   s. s. w. von Heimersdorf 402,6 m
   (beim Haselberg)
   w. von Hirsingen 397,6 m
   s. w. von Hirzbach 383,1 m
   s. s. ö. von Altkirch 379,1 m.

Die Abnahme der Gipfelhöhen von E. nach W. ersehen wir aus folgenden beiden Linien (vgl. die Messtischblätter Volkensberg und Hirsingen; ferner Volkensberg, Landser, Altkirch und Dammerkirch).

---

[1] Es handelt sich hier selbstverständlich nur um das von mir begrenzte, also das s ü d l i c h vom Rhein-Rhône-Kanal gelegene Gebiet.

3) Volkensberg 470,3 m
n. von Mittelmüspach 458,8 m
o. n. ö. von Steinsulz 449,8 m
Nordausgang ,, 429,8 m
n. von Feldbach 427,1 m
n. von Bisel 424,8 m
n. von Niedersept 430,2 m;

4) Dreihäuser 423,7 m
ö. von Bürglin 415,0 m
n. ö. von Franken 412,1 m
n. von Hundsbach 394,0 m
s. w. von Schwoben 388,3 m
s. von Altkirch 379,1 m
im Bergholz s.w. Carspach 376,7 m
w. von Willern 369,2 m.

Um nicht zu sehr zu ermüden, wollen wir uns mit diesen Beispielen begnügen. Sie zeigen uns aber sehr deutlich, dass die Abnahme der Gipfelhöhen von S. nach N. eine weit grössere ist als diejenige von E. nach W. Während nach den beiden ersten Zusammenstellungen auf die Entfernung von 15 km (Bettlach-Niedermagstatt) die Gipfelhöhen um gut 200 m, und auf die Entfernung von 13 km (Moos-Altkirch) um 63,8 m fallen, zeigen die beiden letzten Beispiele auf die Entfernungen von 19 km (Volkensberg - Niedersept) und 26 km (Bürglin - Willern) nur eine Abnahme der Gipfelhöhen um 40,1 und 54,5 m.

Wir haben bei der 3. und 4. Linie östlich von deren Anfangspunkten Volkensberg und Dreihäuser keine Höhen mehr angegeben, da diese nach der Rheinebene ab- statt zunehmen. Diese west-östliche Abnahme der Höhen nach diesem Gebiete zu bemerken wir von einer bestimmten Linie ab, welche durch folgende Punkte angedeutet wird:

(Blatt Volkensberg:) östlich Bettlach 525,1 m, n. Kiesgrube bei Cäsarhof 486,1 m, Volkensberg 470,3 m, n. ö. von Knöringen 445,2 m, Dreihäuser 423,7 m — (Blatt Landser:) Bürglin 415 m, Grossholz, w. s. w. von Stetten, 406 m. —

Ein noch deutlicheres Bild von unserem von S. nach N. und von E. nach W., bezw. (von der zuletzt angegebenen Linie ab) von W. nach E. sich senkenden Hügellande werden wir gewinnen, wenn wir die Isohypsen auf den Messtischblättern näher betrachten. Gehen wir von S. nach N., so finden wir z. B. am Westrande der Karten Hirsingen und Altkirch von Pfetterhausen bis zum Rhein-Rhône-Kanal folgende Höhen angegeben:

440 — 440 — 435 — 430 — 430 — 430 — 425 —
420 — 415 — 410 — 410 — 415 — 415 — 410 —
410 — 415 — 420 — 425 — 425 — 420 — 415 —
410 — 405 — 400 — 395 — 390 — 385 — 380 —
375 — 370 — 365 — 365 — 370 — 380 — 380 —
375 — 370 — 365 — 360 — 360 — 370 — 375 —
380 — 390 — 400 — 400 — 395 — 395 — 400 —
405 — 400 — 400 — 395 — 390 — 390 — 390 —
385 — 385 — 380 — 375 — 370 — 365 — 360 —
360 — 360 — 360 — 360 — 350 — 340 — 335 —
330 — 325 — 320 — 315 — 310 — 305 — 315 —
320 — 325 — 330 — 340 — 310 — 330 — 320 —
320 — 310 — 300 — 295 — 300 — 295 — 295 —
295 — 295 — 290 — **280**.

Ein anderes Beispiel möge zeigen, wie das Hügelland von E. nach W. zunächst ansteigt und dann sich wieder senkt. Wir verfolgen in ostwestlicher Richtung die Höhenangaben am Nordrande der Messtischblätter Volkensberg, Hirsingen und Friesen:

280 — 275 — 275 — 280 — 285 — 290 — 295 —
300 — 305 — 310 — 310 — 310 — 315 — 315 —
310 — 310 — 315 — 320 — 325 — 330 — 335 —
340 — 350 — 360 — 370 — 380 — 380 — 380 —
385 — **410** — 405 — 405 — 405 — 405 — 405 —
400 — 390 — 380 — 360 — 355 — 350 — 345 —
345 — 350 — 345 — 345 — 350 — 355 — 355 —
355 — 355 — 350 — 340 — 330 — 330 — 335 —
335 — 335 — 340 — 345 — 350 — 350 — 345 —
340 — 335 — 340 — 345 — 350 — 355 — 360 —
365 — 370 — 375 — 375 — 370 — 365 — 360 —
360 — 365 — 370 — 375 — 380 — 385 — 390 —
390 — 385 — 385 — 380 — 380 — 385 — 385 —
380 — 375 — 370 — 365 — 365 — 370 — 375 —
380 — 385 — 390 — 390 — 390 — 390 — 385 —
380 — 375 — 365 — 355 — 355 — 350 — 340 —
335 — 330 — 325 — 320 — 315 — 310 — 310 —
315 — 320 — 325 — 325 — 330 — 335 — 335 —
335 — 340 — 345 — 350 — 355 — 360 — 365 —
370 — 385 — 380 — 375 — 370 — 360 — 345 —
345 — 350 — 355 — 360 — 365 — 370 — 375 —
380 — 385 — 385 — 380 — 380 — 385 — 385 —
380 — 380 — 385 — 385 — 380 — 375 — 370 —
360 — 355 — 350 — 345 — 340 — 335 — 330 —
325 — 325 — 330 — 335 — 340 — 345 — 350 —
355 — 360 — 370 — 370 — 370 — 370 — 370 —
375 — 375 — 370 — 370 — **375**[1] — 375 — 370 —
370 — 365 — 365 — — — — 355 — 360 — — —
360 — 365 — 370 — 370 — 370 — 370 — 365 —
365 — 365 — 365 — 365 — — — — — —

[1] Primäre Wasserscheide.

Es mögen diese beiden Beispiele genügen. Auch sie zeigen deutlich, dass das Hügelland sich von S. nach N. bedeutend stärker als von E. nach W. senkt. — Im Süden, namentlich in der Nähe von Bettlach und südlich von Oberhagenthal, nimmt unser Hügelland einen gebirgsartigen Charakter an: aus tiefen, breiten Thälern erheben sich Rücken mit steilen Böschungen; hin und wieder sieht man anstehendes Schichtengestein. —

Was nun die geologischen Verhältnisse unseres Gebietes anlangt, so mögen darüber folgende kurze Angaben genügen:

In unserem ganzen Gebiete finden wir eine mehr oder weniger mächtige Decke, die entweder aus Lehm oder aus Löss oder aus in Wechsellagerung befindlichem Lehm und Löss besteht.

Unmittelbar unter dieser Löss- und Lehmdecke befindet sich meistens Schotter. Eine auffallende Ausnahme bildet das Gebiet, das von dem Dreieck Mülhausen-Sierenz-Altkirch eingeschlossen wird: hier lagert der Löss bezw. Lehm unmittelbar auf Tertiärgestein, während anderswo auf letzterem Schotter liegt.

Die Tertiärschichten lagern im grossen und ganzen horizontal oder, wenn wir von der mehr oder weniger steilen Aufrichtung derselben an einigen Stellen, namentlich in der Nähe des Jura, absehen, ziemlich schwach geneigt.[1]

---

[1] Vgl. Förster: Geologischer Führer für die Umgebung von Mülhausen i. E. Strassburg 1892, S. 10. — L. Parisot: Descr. géol. et minér. du territoire de Belfort, im Bulletin de la Société Belfortaine d'émulation, 3e année 1875—76, S. 211. — W. Kilian: Note sur les terrains tertiaires du territoire de Belfort et des environs de Montbéliard (Doubs), im Bull. de la Soc. géol. de France. (3) XII, S. 757, 758. — Andreä: Beitrag zur Kenntnis des Elsässer

Ein weiteres Eingehen auf die geologischen Verhältnisse im Ober-Sundgau ist hier unnötig, und wir können nunmehr zu unserer eigentlichen Arbeit, der hydrographischen Untersuchung des Sundgauer Hügellandes, übergehen.

Die hydrographischen Verhältnisse.

Wenn wir uns die Flüsse und Thäler im Sundgauer Hügellande ansehen, so fällt uns sofort der gewaltige Gegensatz zwischen den ausserordentlich breiten, tiefen Thälern einerseits und den darin fliessenden winzigen, oft verschwindend kleinen Flüssen und Bächen andererseits auf. Ueberall finden wir dieselbe Erscheinung, gleichviel, ob wir uns im Gebiet des härteren Melanienkalks und des Hausteins (ersterer z. B. bei Brunstatt, letzterer bei Altkirch, Wittersdorf, Emlingen; vgl. Förster, Geol. Führer, S. 13) oder im Gebiet des ausserordentlich leicht zerstörbaren Meeressandes (vgl. Förster, a. O. S. 53 u. Delbos et Koechlin, Descr. géol. etc., Bd. I, S. 12) befinden.

Wie sollen wir uns nun diese auffallend grossen Thäler entstanden denken? Sind sie etwa geotektonischen Ursprungs? Dies ist nicht möglich, weil wir überall die Tertiärschichten in horizontaler oder doch wenig geneigter Lagerung vorfinden. Besonders deutlich können wir dies z. B. zu beiden Seiten des Thalbachs in den Steinbrüchen bei Wittersdorf unweit Altkirch beobachten. Oder wir müssten zu der Annahme von Graben-

---

Tertiärs. 1. Teil, S. 70. — Gutzwiller: Beitrag zur Kenntnis der Tertiärbildungen der Umgebung von Basel, in den Verhandlungen der naturforschenden Gesellschaft in Basel, Bd. IX, Heft 1, S. 190—192, 201, 202, 227. — Delbos et Koechlin: Descr. géol. et minér. du départ. du Haut-Rhin. Mulhouse 1866, tome II, S. 14, besonders S. 310—311.

versenkungen, ähnlich derjenigen, durch welche die heutige oberrheinische Tiefebene entstanden ist, unsere Zuflucht nehmen. Dies ist aber bei einer solchen Menge von gleichartigen Erscheinungen ebenfalls unmöglich.

Dass die Verwerfungen in unserem Gebiet eine nicht unbedeutende Rolle gespielt haben, sollhier ausdrücklich hervorgehoben werden (vgl. die spätere Ausführung); es soll auch zugegeben werden, dass sie an manchen Stellen die Flussläufe beeinflusst haben (vgl. auch Förster, G. F. S. 11, namentlich den 1. Absatz); auf keinen Fall sind aber letztere und damit auch die heutigen Thäler durchweg, ja nicht einmal in der Hauptsache weder bezüglich der Richtung noch bezüglich der Tiefe und Breite durch jene Störungen zu erklären.

Also die Annahme, die Thäler im Ober-Sundgau seien vorwiegend geotektonischen Ursprungs, müssen wir fallen lassen. So bleibt uns denn nur noch die eine Möglichkeit, anzunehmen, die sämtlichen Thäler seinen Erosionsthäler.

Nun wird aber jedermann auf den ersten Blick erkennen, dass die heutigen winzigen Flüsse, selbst zur Zeit ihrer höchsten Wasserstände, unmöglich die gewaltigen Thäler, zumal im harten Melonienkalk oder im Haustein, erodiert haben. (Vgl. auch die vorwiegend sanftwandigen Böschungen!) Wir sind deshalb gezwungen, anzunehmen, dass zur Zeit der Thalbildung weit bedeutendere Wassermengen durch den Sundgau geflossen sind, als wie wir heute dort antreffen. Unsere Annahme wird nun zur vollen Gewissheit, wenn wir die Schottermassen, denen wir überall in unserem Gebiet, mit Ausnahme des Dreiecks Altkirch-Sierenz-Mülhausen, begegnen, genauer prüfen.

Die gesamten Kiese sind ausserordentlich gut gerundet, wie wir dies bei den in stehenden Gewässern abgerundeten Steinen nicht beobachten können. Zudem finden wir, dass die Schotter überall dachziegel- oder fischschuppenartig gelagert sind. Diese beiden Thatsachen namentlich die letztere,[1] sind nun absolut sichere Beweise dafür, dass die Kiese von fliessendem und zwar, wegen der grossen Ausdehnung der Schotterablagerung in die Breite und der sehr bedeutenden darin vorkommenden Wacken (vgl. spätere Ausführung) von in sehr beträchtlicher Breite und Stärke fliessendem Wasser abgelagert worden sind.

Es ist nun durchaus nötig, dass wir zunächst bei diesen alten hydrographischen Verhältnissen des Sundgauer Hügellandes verweilen. Ohne eine gründliche Kenntnis derselben würde ein richtiges Verständnis, d. h. ein ursächliches Erkennen der orographischen und damit auch der hydrographischen Verhältnisse der Jetztzeit vollständig verschlossen bleiben. — —

Es ergeben sich nun bezüglich der alten, das Sundgauer Hügelland passierender Strömung naturgemäss folgende Fragen:

1. Wann kam das fliessende Wasser?
2. Woher kam es?
3. Welche Maximalhöhe hat es erreicht?
4. Wie breit floss es?
5. Wie stark floss es?
6. Wohin floss es ab?
7. Wie hat es gearbeitet, als es unser Hügelland passierte?

---

[1] Vgl. Daubrée: Observations sur les alluvions anciennes et modernes d'une partie du bassin du Rhin. Strasbourg, 1850, S. 5.

1. Wann kam das fliessende Wasser?

Wenn wir imstande sind, Spuren, welche das fliessende Wasser bei seinem ersten Auftreten zurückgelassen hat, sowie deren Alter nachzuweisen, so haben wir damit auch unsere Frage beantwortet.

Dass sich in unserem Gebiete nun solche Spuren von fliessendem Wasser vorfinden, das haben wir vorhin schon gesehen: es sind die oft recht mächtigen Schotterablagerungen auf dem ganzen Gebiet, welches auf der geologischen Karte von Delbos et Köchlin mit D. R. (diluvium rhénan) bezeichnet wird und sich von der Linie Basel-Sierenz westwärts bis Morvillars erstreckt.

Er handelt sich nun um die Fragen: Sind diese Ablagerungen von gleichem Alter? Und wenn dies nicht der Fall ist: Welches sind die ältesten Ablagerungen? Aus welcher Zeit stammen sie?

Dass sie nicht gleichalterig sind, das hat Förster[1] gezeigt. Derselbe teilt, nach dem Vorgange du Pasquiers für die Nordschweiz, den Schotter des Sundgauer Hügellandes ein in den älteren «Deckenschotter» und den jüngeren «Hochterrassenschotter». Für uns kommt hier nur der Deckenschotter[2] in Betracht. Förster

---

[1] Uebersicht über die Gliederung der Geröll- und Lössablagerungen des Sundgaues. Besonderer Abdruck aus: Mitteilungen der geologischen Landesanstalt von Elsass-Lothringen, Bd. III, Heft 2, 1892.

[2] Der Deckenschotter wird vornehmlich an der ausserordentlich weit vorgeschrittenen Verwitterung der Schotter erkannt. Vgl. die näheren Erkennungsmerkmale bei du Pasquier, Beiträge zur geologischen Karte der Schweiz, XXXI. Lieferung: Ueber die fluvioglacialen Ablagerungen der Nordschweiz. Bern, 1891, S. 73; ferner bei Förster, Uebersicht über die Gliederung der Geröllablagerungen etc. S. 124 und Gutzwiller, a. O. S. 239.

spricht diesen dem Ober-Pliocän zu, fügt allerdings S. 70 in seinem «Geol. Führer» hinzu, dass die Zugehörigkeit desselben zu dieser Stufe «nicht über alle Zweifel» erhaben sei. Auch du Pasquier, a. O. S. 126, verlegt die älteste, höchstgelegene nordschweizerische Schotterablagerung, deren unmittelbare Fortsetzung nach Förster (Uebersicht etc. S. 123) der Deckenschotter des Sundgaus ist, in das Ober-Pliocän. E. de Beaumont bezeichnet die auf den Tertiärhügeln des Oberelsass, südwestlich von Basel liegenden Geröllmassen als zum Obertertiär gehörend. Gutzwiller,[1] der bereits erkennt, «dass wir westlich und südwestlich von Basel zweierlei durch ihre gegenwärtige Zusammensetzung verschiedene Geröllablagerungen haben,» weist, ebenso wie Schuhmacher,[2] auf das sehr hohe, vielleicht «jungtertiäre» Alter der Schotter im Sundgauer Hügellande hin. Kilian[3] giebt der Schotterablagerung des Sundgaus ebenfalls ein hohes Alter.

Somit dürfte auch unsere erste Frage, wann das grosse fliessende Wasser sich zuerst in unserem Gebiete gezeigt habe, beantwortet sein: **es geschah höchstwahrscheinlich zur Zeit des Ober-Pliocäns.**

Es folgt jetzt die Frage:

2. Woher kam das Wasser?

Ueber diese Frage muss uns zunächst die Beschaffenheit der von dem Wasser transportierten Schotter Auskunft geben.

---

[1] A. O. S. 239.
[2] Die Bildung und der Aufbau des oberrheinischen Tieflandes. Mitteilungen der Commission für die geologische Landesuntersuchung von Els.-Lothr. Bd. II, Heft 3, 1890, S. 236.
[3] Note sur la feuille Ferrette de la carte géol. de France, in den Mém. de la Soc. d'émul. de Montbéliard, Bd. XVI, 1885, S. 26.

Wir finden in dem Schottergebiet südlich des Rhein-Rhône-Kanals hauptsächlich alpine Gesteine, dann allerdings auch, aber in weit geringerer, im Verhältnis zu jenen fast verschwindender Zahl, Jura- und Schwarzwaldkiese; nördlich des Kanals treffen wir vorwiegend Vogesenkiese an. Es kann kein Zweifel darüber bestehen, dass letztere von fliessendem Gewässer, welches von den Vogesen kam, und erstere, die alpinen Kiese, von aus den **Alpen** kommenden Strömungen transportiert worden sind.

Während nun die Vogesenkiese hinsichtlich ihres Ursprungsortes keine Schwierigkeit bieten — sie sind eben aus den zunächst liegenden Vogesen gekommen —, so fragt es sich doch, aus welchem **Teil der Alpen die alpinen Schotter gekommen** sind. Sind diese etwa durch eine Strömung, die aus dem Rhônegebiet kam, transportiert worden, eine Strömung, wie sie sich vielleicht El. de Beaumont dachte?[1]

Wir wissen, dass der heutige Rhein seine alpinen Kiese nicht auf diesem Wege transportiert. Es handelt sich

---

[1] Vgl. in den Annales des sciences naturelles, Bd. XIX, die Arbeit von Élie de Beaumont: „Recherches sur quelques-unes des révolutions de la surface du globe", wo sich S. 97 folgende Stelle findet: „Comme dans la vallée du Rhône, au-dessous du confluent de l'Isère, on ne trouve aucun dépôt de la date de ceux que nous décrivons en ce moment, il paraît évident que les eaux qui les produisaient ne se dirigeaient pas de ce côté. *Il n'est pas aussi certain qu'on ne puisse un jour tracer leur ancien cours jusque dans la vallée du Rhin.*» Dazu kommt, dass der Schotter im Rhônegebiet dem unsrigen ausserordentlich ähnlich sieht. Vgl. S. 178 der Arbeit von Scipion Gras: «Comparaison chronologique des terrains quaternaires de l'Alsace avec ceux de la vallée du Rhône dans le Dauphiné,» in Bulletin de la Soc. géol. de France, (2) XV: «*Le gravier ancien du Rhin rappelle complètement le diluvium inférieur des vallées du Rhône et de l'Isère.*»

also um zwei Möglichkeiten: entweder sind die Kiese im Sundgau durch eine Rhône-Saônethalströmung oder aber durch ein Gewässer transportiert worden, das durch das Rheinthalgebiet oberhalb Basel in unser Hügelland eingetreten ist. Es kann hier, wie gleich bewiesen werden soll, nur die letztere Möglichkeit in Betracht kommen.

Eine Auskunft über die **Strömungsrichtung** giebt uns nun die eigentümliche Lagerung der durch Flüsse abgesetzten Schotter. Ich verweise hier diejenigen, die Ausführliches hierüber erfahren wollen, auf die Arbeiten von **Daubrée**[1] und **Tardy**.[2] Wir wollen nur einige wichtige Punkte herausgreifen. Daubrée sagt auf S. 5 seiner grösseren Arbeit (Strasbourg 1850): «Les cailloux (es handelt sich hier um den «transport des matériaux qui s'opère journellement dans le lit du *fleuve*») sont imbriqués les uns sur les autres, à la manière des écailles de poissons ou des tuiles d'un toit. *Les grands axes de ces cailloux,* dont beaucoup se rapprochent de la forme d'un ellipsoïde aplati, *sont normaux à la direction du courant d'eau qui les a apportés.*» Weiterhin heisst es: «L'imbrication des cailloux ne s'observe pas à l'intérieur du banc de gravier, au moins dans toute l'épaisseur qui correspond à une crue unique...» Was die **unregelmässigen** Kiese anlange, so würden diese derart gelagert, dass der **Schwerpunkt mehr nach vorn** (im Sinne der **Strömungsrichtung**) **als nach hinten liege**.

---

[1] Observations sur les alluvions anciennes et modernes d'une partie du bassin du Rhin, par Daubrée, Strasbourg 1850, oder auch in kürzerer Form unter demselben Titel, im Bull. de la Soc. géol. de France, (2) VII, S. 432 ff.

[2] Nouvelles observations sur la Bresse ou de la jonction du Pliocène et du Quaternaire, par Tardy. Bull. de la Soc. géol. de France, (3) XII, S. 701—705.

Was den letzten Satz, sowie denjenigen bezüglich der Lage der Längsachsen bei den abgeplatteten Ellipsoiden anlangt, so muss zugegeben werden, dass die Sätze theoretisch zweifellos richtig sind, d. h. dass die Kiese in der angegebenen Weise abgelagert werden, wenn keine störenden Faktoren, wie z. B. die durch die bereits abgesetzten Schotter herbeigeführte Unebenheit des Flussbettes u. a., hinzutreten. Solche störenden Faktoren sind aber sehr häufig vorhanden, und daher gestaltet sich auch die Art der Kiesablagerung in Wirklichkeit oft anders.

Ich habe die sämtlichen im deutschen Gebiete des Obersundgaus gelegenen Kiesgruben besucht und habe stets besonders auf die oben angegebenen Punkte geachtet, um auf diese Weise die Richtung der alten Strömung festzustellen. Ich habe auch in der heutigen Rheinebene Kiesgruben aufgesucht, für welche die Flussrichtung unzweifelhaft feststeht und habe hier die Lagerungsverhältnisse ebenfalls auf das genaueste geprüft. Häufig habe ich auch in heute noch thätigen Flüssen, welche Kiese führen, die Art der Ablagerung beobachtet.

Nach allen Untersuchungen bin ich jedoch zu dem Resultate gekommen, dass aus der Lagerung der Schotter, wie sie in den beiden oben angeführten Sätzen angegeben wird, wohl Schlüsse auf die Richtung der früheren Strömung gezogen werden können, dass dies aber erst nach eingehendster Prüfung und mit allergrösster Vorsicht geschehen darf, dass, mit anderen Worten, ein Irrtum sehr leicht möglich ist.

Das sicherste Kriterium für die alte Flussrichtung liegt nun meines Erachtens in der Richtungsorientierung der Kiese, ganz besonders derjenigen, welche abgeplattet und fischschuppenartig gelagert sind. Die Aufrichtung erfolgt nämlich im Sinne der Strömung. (Vgl. Daubrée; ferner Schuhmacher, a. O., S. 232.) Aber auch hier sei man vorsichtig mit seinem Urteil. Es ist notwendig, dass man eine Kiesgrube zu verschiedenen Malen besucht, da das Profil infolge der Abtragung einen anderen Charakter bekommen könnte. Wenn man nun lange einen Kiesanschnitt aufmerksam betrachtet, so findet man fast stets eine nach einer bestimmten Richtung vorherrschende Aufrichtung der Schotter. Wenn man bei wiederholten Besuchen derselben Kiesgrube die frühere Beobachtung bestätigt findet, dann darf man mit Sicherheit auf die Richtung der früheren Strömung schliessen.

Ich will nun die Ergebnisse meiner bezüglichen Untersuchungen folgen lassen.

Förster giebt für den Deckenschotter genauer nur die folgenden beiden Fundorte an:

1. O. s. ö. von dem südlich Altkirch gelegenen Punkt 317,6 (Messtischblatt Altkirch) befindet sich eine auf der Karte als Sandgrube bezeichnete Kiesgrube. Ich habe dieselbe zu wiederholten Malen besucht und stets gefunden, dass die Schotter ganz vorwiegend nach *W.* aufgerichtet sind; zuweilen glaubt man auch die W.N.W.-Richtung zu erkennen.

2. Am Westausgang des Dorfes Volkensberg (Messtischblatt Volkensberg), an der südlicheren Strasse, befinden sich zu beiden Seiten derselben Kiesgruben, von denen die auf der Nordseite am tiefsten, etwa 7 m, aufgeschlossen ist. Die Verwitterung ist hier sehr weit vorgeschritten, so dass es schwer ist, eine bestimmte Richtung in der Aufrichtung der Kiese zu erkennen. Mir will es scheinen, als ob die *W.-S.W.-Richtung* die vorherrschende sei.

Die Kiese an den nun folgenden Fundorten sind von mir nach den von du Pasquier, Förster und Gutzwiller angegebenen Erkennungszeichen als Deckenschotter erkannt worden.

3. Wenn man auf dem kürzesten Wege von Altkirch nach Hirzbach geht, so trifft man im Walde zwei Kiesgruben, von denen namentlich die östlichere (auf der Karte fälschlich als Steinbruch bezeichnet) in bedeutender Tiefe aufgeschlossen ist. Hier erkennen wir deutlich *W.-W.N.W.-Aufrichtung* der Kiese.

4. Eine Kiesgrube mit ganz ausserordentlich weit vorgeschrittener Verwitterung finden wir an der Strasse Hirzbach-Largitzen, in der Nähe des Grantzele (Messtischblatt Hirsingen). Es war mir nicht möglich, hier eine nach einer bestimmten Seite vorwiegende Aufrichtung zu erkennen. Viele Kiese sind nach *S.W.*, andere nach *W.* und wieder andere nach *N.W.* aufgerichtet.

5. Gleich nördlich von Bisel finden wir eine Kiesgrube mit deutlicher *W.-Aufrichtung* der Schotter.

6. Gleich nördlich von Roppenzweiler (Messtischblatt Volkensberg) liegt eine Kiesgrube mit sehr schöner Schuppenbildung. Hier fand ich vorwiegend die *W.S.W.-Aufrichtung* der Kiese.

7. Die Kiesgrube im Walde nördlich von Knöringen (Messtischblatt Volkensberg) zeigt *W.-N.W.-Aufrichtung*.

8. O. n. ö. von Berenzweiler (Messtischblatt Volkensberg) finden wir eine Kiesgrube mit ausserordentlich stark verwitterten Kiesen. Diese sind 4 m tief aufgeschlossen. Die Verwitterung ist so weit vorgeschritten, dass es unmöglich ist, hier eine vorherrschende Richtung zu erkennen. Ich habe Kiese mit *N.-*, *N.W.-*, *W.-*, auch *S.W.-Aufrichtung* gefunden.

9. Am Nordausgange des Dorfes Steinsulz (Messtisch-

blatt Volkensberg) befindet sich zu beiden Seiten der Strasse je eine Kiesgrube (auf der Karte nicht angegeben) mit stark verwittertem Schotter. Oestlich vom Wege sehen wir deutlich *W.-*, dagegen westlich von demselben *S.W.-Aufrichtung* der Kiese.

10. In der Kiesgrube westlich von Cäsarhof, zwischen Linsdorf und Obermüspach (Messtischblatt Volkensberg), sind die Kiese deutlich nach *W.-W.N.W.* aufgerichtet. Sie zeigen starke Verwitterung.

11. An der Westseite der Chaussee Bettlach-Volkensberg (Messtischblatt Volkensberg), etwas westlich der am Nordausgang von Bettlach befindlichen Ziegelei, liegt eine Kiesgrube (fehlt auf der Karte) mit *vorwiegender W.-Aufrichtung* der Kiese.

Mögen die angeführten Beispiele genügen! Es soll aber ausdrücklich bemerkt werden, dass noch viele andere Vorkommnisse — namentlich dürfte dies auch für den auf französischem Gebiet lagernden Schotter zutreffen — hierher gehören.

Unsere Frage, woher das Gewässer kam, welches den Deckenschotter ablagerte, ist nun durch die **Beschaffenheit und die vorwiegende Westaufrichtung** des letzteren beantwortet: **es kam aus einer Gegend östlich von Basel her und nahm seinen Weg zwischen Schwarzwald und Schweizer Jura und behielt abwärts Basel seine vorwiegend westliche Richtung bei.**

Die weitere Frage, die zu beantworten wäre, ist nun diese:

3. **Welche Maximalhöhe hat das Wasser erreicht?**

Wenn nach der Ablagerung des Deckenschotters bedeutendere Bodenbewegungen nicht mehr angenommen werden dürfen, dann müssen uns auch die heutigen grössten Höhen des Deckenschotters annähernd die grösste Niveauhöhe der damaligen Strömung angeben.

Es handelt sich also zunächst um die Frage: Haben nach der Ablagerung des Deckenschotters noch bedeutendere Bodenbewegungen stattgefunden ? Die grössten Höhen der Schotterlage finden wir im S.; dieselben nehmen, wie dies der orographische Ueberblick schon angiebt, nach N. ab. Wäre diese Abnahme der Gipfelhöhen von S. nach N. nun nicht in der Weise zu erklären, dass wir für unser Gebiet im S. eine Hebung annähmen und zwar eine solche, die durch die Faltung des Jura als Begleiterscheinung derselben verursacht wurde? Es liegt ja nicht allein der Schotter, sondern auch das Tertiärgestein im S. am höchsten. Im E. von Bettlach erreicht der Schotter [1] 525 m Höhe und das Tertiärgestein, da die Kiesablagerung nur 4—5 m mächtig ist (nach Gutzwiller), die grösste Höhe im Sundgauer Hügellande, nämlich diejenige von 520 m. Könnten wir demnach nicht Delbos und Köchlin beistimmen, die sich in ihrer Descr. géol., II, S. 100, für eine surélévation du Jura après le dépôt (d. i. Schotter) aussprechen ? Dann wäre aber die Frage zu beantworten, wie man mit dieser Hebung die Thatsache in Einklang bringen wollte, dass nach Gutzwiller (S. 235) im Jura in etwas geringerer Höhe als wie bei Bettlach — **und doch der bis jetzt bezüglich des Deckenschotters in diesem Gebirge nachgewiesenen grössten** — nämlich in 510—515 m Höhe eine der Bettlacher ganz ähnliche Geröllbildung sich befindet, nämlich im

---

[1] Von Gutzwiller (a. O. S. 234) als höchstgelegene Geröllbildung mit äusserst starker Verwitterung erkannt und demnach als Deckenschotter anzusprechen.

S. der Landskrone, auf dem St. Annafeld bei Mariastein und auf dem Berg zwischen Hofstetten und Blättwil im «Unter-Eichwald». Gutzwiller erklärt ausdrücklich, «dass es für ihn keine Frage sei, dass dieser Rest einer einst bedeutenden Geröllbildung zur gleichen Zeit abgelagert wurde, wie diejenige von Oberhagenthal (mit derjenigen östlich von Bettlach identisch) und vielleicht ein und demselben Flussbett angehörte». Wenn wir nun eine Hebung in dem angegebenen Sinne annehmen wollten, so müsste diese den Ort Mariastein, als im Jura liegend, doch wohl in stärkerem Grade betroffen haben, als die Höhe bei Bettlach. Es müsste demnach der Schotter bei letzterem Orte niedriger liegen als im Jura, während doch das umgekehrte Verhältnis vorliegt.

Auch geologischerseits werden in neuerer Zeit[1] bedeutendere Bodenbewegungen nach der Schotterablagerung nicht mehr angenommen, wenn auch zugegeben wird (du Pasquier), dass geringe Dislokationen, die auch jetzt noch fortdauern, mehr oder weniger wahrscheinlich gewesen seien. «Der Hauptfaltungsprozess sei jedoch bereits abgeschlossen gewesen;» — und hierher müssten wir doch eine Bewegung des Jura rechnen!

Nach Ablagerung des Deckenschotters eingetretene Hebungen im S. des Sundgaus, die als Begleiterscheinungen von Jurabewegungen zu betrachten wären, sind also ausgeschlossen. Wir werden gleich auf die Frage zurückkommen, in welcher Weise denn die Höhenabnahme, wie sie uns der orographische Ueberblick zeigt, zu erklären ist. Für uns genügt es augenblicklich, zu

---

[1] Vgl. Platz: Geologie des Rheinthals, in den Verhandlungen des naturwissenschaftlichen Vereins in Karlsruhe, VI. Heft, 1878, S. 195; ferner du Pasquier, a. O. S. 120, und Kilian: Notes sur les terrains tertiaires du territoire de Belfort etc., im Bull. de la Soc. géol. de France, (3) XII, S. 758.

wissen, dass die grösste Höhenlage des Deckenschotters bei Bettlach keinesfalls durch eine Hebung des Jura herbeigeführt worden ist, sondern dass dieselbe vielmehr als die primäre anzusprechen ist. Wir sind deshalb zu folgendem Schluss berechtigt: **Zur Oberpliocänzeit ging eine Strömung von Basel westwärts, deren Niveau bei Bettlach und Mariastein die Maximalhöhe von etwa 530 m gehabt hat.**[1] —
Es dürfte hier am Platze sein, die vorhin berührte Frage, woher es kommt, dass die Gipfelhöhen von S. nach N. in so erheblichem Masse abnehmen (wir fanden auf 15 km Entfernung etwa 200 m Höhendifferenz!), näher zu erörtern.

Sollen wir etwa annehmen, die durch den Sundgau gehende W.-Strömung habe am Nordrande am stärksten erodiert und auf diese Weise die ungleichmässigen Höhen geschaffen? Eine derartige Erosion wäre nur dann möglich gewesen, wenn wir uns den Nordrand der Strömung als die konvexe Seite einer Serpentine denken wollten. Geben wir eine solche Möglichkeit einmal zu; können wir dann aber auch annehmen, dass der **gesamte nördliche** Teil des Hügellandes, der doch niedriger als der südliche liegt und sich von der Rheinebene **meilenweit** nach W. erstreckt, innerhalb ein und desselben konvexen Bogens gelegen habe? Eine solche Annahme ist doch wohl ohne weiteres von der Hand zu weisen!

Könnte man denn die in Frage stehende Thatsache so erklären, dass man annähme, die atmosphärischen Niederschläge hätten in ungleichem, also in von S. nach N. zunehmendem Masse gearbeitet?

---

[1] Vgl. Platz, a. O. S. 195, wo auf eine Geröllablagerung „eines alten Rheinlaufs" bei Waldshut in 540 m und im Klettgau in 600 m Höhe hingewiesen wird.

Da zu jener Zeit die für unsere Gegend in Betracht kommenden orographischen Verhältnisse annähernd dieselben wie die heutigen waren, so müssen wir auch annehmen, dass die damaligen Niederschläge in einer der heutigen ähnlichen Weise verteilt wurden, gleichviel ob nun die Niederschlagsmengen zu Zeiten bedeutend grössere oder geringere als zur Jetztzeit waren! Wenn wir uns die Niederschlagstafeln ansehen, so finden wir, dass nach dem mir von Herrn stud. Rubel freundlichst zur Verfügung gestellten meteorologischen Beobachtungsmaterial[1] z. B. Mülhausen etwas mehr Niederschläge als Hüningen aufweist (im Gegensatz allerdings zu den Veröffentlichungen des Ministeriums für Elsass-Lothringen, nach welchen das umgekehrte Verhältnis vorliegt!). Dieses Plus ist aber doch nicht so gross und kann auch zur damaligen Zeit nicht so gross gewesen sein, dass dasselbe zu der obigen Annahme berechtigte! Man denke nur immer: die Höhe bei Niedermagstatt ist um 200 m niedriger als die bei Bettlach!

Es bleibt uns somit nur noch eine Möglichkeit übrig, die bedeutende Abnahme der Gipfelhöhen in südnördlicher Richtung zu erklären: die **Annahme von Verwerfungen**.

Da der im Schottergebiet liegende Meeressand jünger ist als z. B. der bei Mülhausen befindliche Melanienkalk, letzterer aber trotz seiner bedeutend tieferen Lage von jenem nicht überlagert wird, so muss zur Zeit der Meeressandablagerung der Obersundgau ein ungleich anderes Relief als heute gezeigt haben: es muss das Ge-

---

[1] Es sei mir an dieser Stelle gestattet, Herrn Rubel für seine grosse Bereitwilligkeit, mit der er mir seine noch nicht veröffentlichten Arbeiten zur Verfügung gestellt hat, meinen verbindlichsten Dank auszusprechen!

biet des Meeressundes tiefer als das des Melanienkalks gelegen haben. Wodurch ist aber die heutige Bodengestaltung herbeigeführt worden? Ist der Melanienkalk infolge von Verwerfungen in die Tiefe gegangen? Wenn wir Ledenken, dass die Grabenversenkung zwischen Schwarzwald und Vogesen nicht ohne Einfluss auf das Sundgauer Hügelland geblieben sein kann, so hat unsere Annahme gewiss grosse Wahrscheinlichkeit für sich! Hinzu kommt, dass nördlich von Mülhausen ja zweifellos das Tertiär bedeutend gesunken ist;[1] denn es schneiden in der Nähe der Stadt die horizontal lagernden Schichten (Tertiär-) in beträchtlicher Höhe über dem Niveau der Rheinebene ganz plötzlich ab. Es ist also auch wahrscheinlich, dass südlich von Mülhausen beträchtliche Verwerfungen, im ganzen nach Süden an Intensität abnehmend, die verschiedenartige Höhenlage der Tertiärschichten herbeigeführt haben.

Wir wollen hier noch betonen, dass es unwahrscheinlich ist, dass auch noch die Bettlacher Höhe nach der Schotterablagerung gesunken ist, denn der Schotter liegt hier immer noch höher als der höchstgelegene im Jura! —

Es dürfte hier die geeignete Gelegenheit gegeben sein, gleich noch einige andere topographische Eigentümlichkeiten unseres Gebietes zu besprechen. Zunächst: Woher kommt die Abnahme der Höhen von E. nach W.? (vgl. die orographische Uebersicht). — Dieselbe lässt sich leicht durch die in gleicher Richtung in beträchtlichem Masse zunehmenden Niederschlagsmengen erklären, die durch ihre nach W. an Intensität zunehmende Arbeit (vgl. die Niederschlagstafeln) ein in ost-westlicher Richtung fallendes Relief bilden mussten. In gewissem

---

[1] Vgl. auch die Verwerfungen, die **Förster** in seinem geolog. Führer angiebt.

Grade hat zu diesem Fallen allerdings auch die nach W. abnehmende Niveauhöhe der Weststömung beigetragen. Man mache uns jetzt nicht etwa den Vorwurf, dass wir hier einem Faktor, nämlich der Erosion durch die Atmosphärilien, einen Wert beimessen, den wir ihm vorhin, wie es sich darum handelte, die Abnahme der Gipfelhöhen von S. nach N. zu erklären, abgesprochen haben. Hier liegen die Verhältnisse eben ganz anders! Einmal nehmen die Niederschlagsmengen von E. nach W. in einem ganz anderen Masse zu, als wie diejenigen von S. nach N. (vgl. die Niederschlagstafeln), und dann vor allem findet die Abnahme der Gipfelhöhen von E. nach W. **auffallend langsam** statt, z. B. auf 26 km nur um 54,5 m!

Bei unserem orographischen Ueberblick machten wir auch darauf aufmerksam, dass von einer bestimmten nord-südlichen Linie ab die Höhen von W. nach E., also nach der Rheinebene zu, abnehmen. Diese Erscheinung steht zweifellos in ursächlichem Zusammenhange mit der Grabenversenkung: auch hier haben Verwerfungen, nach W. an Intensität abnehmend, stattgefunden. Die von Förster (Geol. Führer, S. 11) entdeckte, N.N.W.-S.S.E. streichende Kluft zwischen Waltenheim und Geispitzen bestätigt diese Annahme. —

Nach dieser Abschweifung ins topographische Gebiet kehren wir zu der grossen Strömung zurück und behandeln die Frage:

4. **In welcher Breite floss der Weststrom zur Zeit seiner bedeutendsten Höhe?**

Wir wollen uns damit begnügen, die äussersten Randlinien des Stromes etwa vom Meridian von Rheinfelden (östlich von Basel) ab zu verfolgen.

Wenn wir das mittlere Gefälle des heutigen Rheines von Hüningen bis Mainz auch für die alte Weststrümung in der Nähe von Basel gelten lassen wollen, d. i. $^1/_2$ m auf 1 km,[1] dann müssen wir bei dieser gewiss ausserordentlich niedrigen Annahme (es ist ja das heutige mittlere Gefälle!) fürdas Niveau der Westströmung in der Nähe von Rheinfelden die Maximalhöhe von mindestens 545 m annehmen, da die Luftlinie Bettlach-Rheinfelden etwa 30 km beträgt und wir für den ersteren Ort die Maximalstromhöhe von 530 m kennen. Wie weit erstreckte sich nun bei einer solchen Höhe das Wasser zunächst nach N.?

Am linken Ufer der Wehra befindet sich eine beträchtliche Erhebung des Schwarzwaldes, die sich südwärts bis an den Rhein erstreckt. Vom Dinkelberg aus betrachtet, meint man eine hohe, in nord-südlicher Richtung bis nach Säckingen verlaufende Gebirgsmauer vor sich zu sehen. Die «topographische Karte über das Grossherzogtum Baden nach der allgemeinen Landesvermessung des grossherzoglichen militärisch-topographischen Bureaus», im Massstabe 1 : 50000, giebt etwa 1 $^1/_2$ km n. w. n. von Obersäckingen auf dem Eggberg die Höhe von 2370′ = 711 m an, dann bei der Sägemühle, etwa 1 $^1/_2$ km nördlich von dem eben bezeichneten Punkte, 2507′ = 752,1 m, für den 2 km n. w. n. von der Sägemühle gelegenen Signalpunkt 2663′ = 708,9 m, westlich von Hütten:

---

[1] Die oberrheinische Tiefebene ist etwa 300 km lang und hat von Hüningen — 239 m über dem Meer — bis nach Mainz — 83 m über dem Meer — 156 m Gefälle (vgl.: Der Rheinstrom und seine wichtigsten Nebenflüsse von den Quellen bis zum Austritt aus dem deutschen Reich. Herausgegeben von dem Centralbureau für Meteorologie und Hydrographie im Grossherzogtum Baden, 1889, S. 27). Dies giebt ein mittleres Gefälle von etwa $^1/_2$ m auf 1 km.

3002' = 900,6 m und gleich n. w. von Hornberg 3321'
= 996,3 m. Tiefe Sättel finden sich nirgen'ds.
Hieraus folgt, dass die grosse Weststrumung ihren
nördlichsten Rand nicht weit nördlich von Säckingen hatte.
Gleich westlich von diesem Orte drang das Wasser nordwärts, den ganzen Dinkelberg, da der höchste Punkt
Hohflum (s. w. s. von Schopfheim) nur 535 m hoch ist,
bedeckend, ohne dass dadurch die eigentliche Strömung
in dem bereits recht tief[1] gelegten Rheinthal zwischen
Jura und Schwarzwald in ihrer Richtung beeinflusst
wurde. Es konnten mithin auch über den Dinkelberg
keine Schotter transportiert werden, die denn auch thatsächlich dort fehlen.

Der nördlichste Rand der Strömung ging gleich
nördlich von Säckingen nordwärts bis etwa zum Wiesenthal und folgte diesem, soweit dasselbe sich in ost-westlicher Richtung erstreckt. — Etwas schwieriger ist die
Frage, wo sich der Nordrand der Strömung im Sundgauer Hügellande befand. Es ist selbstverständlich, dass
ausser dem Hügellande auch das ganze nördlich von ihm
zwischen Schwarzwald und Vogesen gelegene Gebiet unter
Wasser stand; die eigentliche Strömung ging jedoch
nur durch den südlichen Sundgau hindurch. Wir können
nun unmöglich die nördlichsten alpinen Kiesablagerungen
daselbst ohne weiteres als Nordgrenze der Weststrumung
annehmen, da wir bei Sierenz z. B. schon alpinen Hochterrassenschotter (vgl. Förster, geolog. Führer, S. 77)
finden, der viel später als der Deckenschotter und höchst-

---

[1] Du Pasquier auf S. 103 seiner erwähnten Arbeit: „Aus
den Auflagerungshöhen des Deckenschotters lässt sich erkennen,
dass das Rheinthal in der Gegend oberhalb Basel bereits
(d. h. zur Zeit der Deckenschotterablagerung) gebildet
war."

wahrscheinlich erst von der bereits nach *N.* abfliessenden Strömung [1] abgelagert wurde. Wir müssen deshalb
die nördlichsten Vorkommnisse von Deckenschotter
aufsuchen und diese als Punkte des Nordrandes ansprechen.

In der Kiesgrube östlich von Berenzweiler (Blatt Volkensberg) habe ich Deckenschotter nachweisen können;
bis Altkirch und Dammerkirch hat Förster ihn als bekannt
angegeben; diese drei Punkte würden demnach annähernd
den nördlichsten Rand der Westströmung andeuten. Ich
sage annähernd, denn es ist nicht sicher, ob sich nicht
nördlich von Berenzweiler noch Deckenschotter wird nachweisen lassen. An der Chaussee in dem Walde zwischen
Ober- und Niedermagstatt (Blatt Landser) habe ich Kiese
anstehend gefunden, die wohl auch durch die Verwitterung
gelitten haben, aber doch bei weitem nicht in dem Grade,
wie dies bei dem Schotter bei Berenzweiler der Fall ist.
Man kann sie also nicht ohne weiteres zum Deckenschotter
stellen. Ausserdem wäre es auch noch sehr fraglich —
eine vorherrschende Richtungsorientierung lässt sich nicht
erkennen! — ob die Kiese sich hier noch in primärer
Lagerung befinden, oder ob sie nicht vielmehr später von
dem Nordstrom umgelagert worden sind.

Die südlichste Grenzlinie der Westströmung ging
etwa nördlich von Halmet (südlich von Rheinfelden), nördlich vom Domberg, gleich südlich von der Neu-Schauen-
burg (Blatt Muttenz, topogr. Atlas der Schweiz, 1 : 25000),
von hier in westlicher Richtung bis etwa Meierthum (s. ö.
von Mönchenstein), dann in südlicher Richtung (vgl. die
schweiz. Blätter 8 u. 10), darauf in n. w. Richtung bis
Neupfad, südlich von Ettingen (Blatt Blauen), westwärts

---

[1] Vgl. Förster, Uebersicht etc. S. 125.

über Mariastein (das Köpfli in 553 m und der Gipfel des Landskronberges in 546 m Höhe blieben als Inseln stehen), alsdann südwestwärts, im E. von Rödersdorf (Blatt Burg) am Abhang vom «Berg» hergehend, etwa nach Wolschweiler (Blatt Oltingen, deutsche Generalstabskarte 1 : 25000), von hier in grossem nach E. geöffneten Bogen nach Oltingen zu, darauf westwärts südlich von Buchsweiler, über Alt-Pfirt (Blatt Hirsingen), Köstlach, Mörnach, Dürlinsdorf (Blatt Pfirt), von hier bis Pfetterhausen (Blatt Hirsingen), wieder einen weit nach S. gehenden spitzen Bogen bildend, von Pfetterhausen über Rechesy, Florimont nach Delle.

Diese südliche Grenzlinie habe ich in der Weise gefunden, dass ich auf den schweizerischen und deutschen Messtischblättern (1 : 25000) zunächst südlich Rheinfelden die 550 m.-Isohypse verfolgt und dann, allmählich immer tiefer gehend, in der Forêt de Florimont mit der Höhe von etwa 500 m abgebrochen habe. Wenn wir selbst ein beträchtlich stärkeres oder geringeres Gefälle für die Weststromung annehmen wollten, als wir es eben gethan haben, so dürften unsere für den obersten Wasserrand angegebenen Grenzpunkte doch im allgemeinen zutreffen, weil die überhaupt in Betracht kommenden Isohypsen ausserordentlich nahe bei einander liegen.[1]

5. Wie stark floss die Strömung?

Diese Frage können wir leicht beantworten, wenn wir uns die Grösse der transportierten Wacken ansehen und diese mit denen von heutigen Flüssen, welche Kiese führen, vergleichen.

---

[1] Vgl. die südlichste Grenzlinie der Schotterablagerungen auf der Karte von Delbos und Köchlin.

In der Kiesgrube bei Altkirch war der grösste von den von mir gefundenen Kiesen 30 cm lang, 16 cm breit und 12 cm hoch.

In der Kiesgrube an der Strasse Hirzbach-Largitzen betrug die Länge des grössten Kieses 43 cm, die Breite 17 cm und die Höhe 14 cm.

Bei Roppenzweiler habe ich einen 37 cm langen, 20 cm breiten und 17 cm hohen Stein gefunden.

In der Kiesgrube bei Berenzweiler (Blatt Volkensberg) war der grösste Stein 27 cm lang, 21 cm breit und 19 cm hoch.

Wenig südlich vom Buchstaben A im Namen Altkirch auf Blatt Altkirch, 1 : 25000, befindet sich eine alte Kiesgrube, in der zuweilen noch gearbeitet wird. Hier war der grösste Stein nur 20 cm lang, 15 cm breit und 13 cm hoch.

In der auf der Westseite des Nordausganges von Steinsulz (Blatt Volkensberg) gelegenen Kiesgrube fand ich einen gut gerundeten Stein von 44 cm Länge, 19 cm Breite und 14 cm Höhe, und in der Kiesgrube bei Bettlach (Blatt Volkensberg) einen solchen von 35 cm Länge, 22 cm Breite und 13 cm Höhe.

Sehen wir uns nun auch einige aus neuerer und neuester Zeit stammende Wacken an.

Bei Löchle, im Gebiet des Niederterrassenschotters,[1] östlich von Sierenz, ist in der Böschung, welche die mittlere mit der unteren Terrasse verbindet, eine ausserordentlich umfangreiche Kiesgrube angelegt, die auf der Karte jedoch noch nicht verzeichnet steht. Hier war einer der grössten Kiese 27 cm lang, 11 cm breit und

---

[1] Dies ist nach Förster und Du Pasquier der jüngste der 3 Schotterablagerungen.

11 cm hoch, einer der mittleren 14 cm lang, 10 cm breit und 6 cm hoch.

Abgesondert von den aus der Kiesgrube gewonnenen Steinen befinden sich dort sehr viele im Rhein gesammelte, also von dem jetzigen Rheinstrom transportierte Wacken. Unter ihnen habe ich zwei gemessen und zwar von 30 und 35 cm Länge, 20 und 20 cm Breite und 14 und 12 cm Höhe.

Vergleichen wir nun die grössten im Deckenschotter gefundenen Wacken mit den zuletzt beschriebenen, so kommen wir zu dem Schluss, dass die Westströmung zu der Zeit, als sie den ältesten im Sundgau befindlichen Schotter ablagerte, daselbst annähernd eine Transportkraft gehabt haben muss, wie sie von dem heutigen Rhein noch zu gewissen Zeiten ausgeübt wird. —

Da die Transportkraft einer Strömung nun bedingt wird einmal durch das Gefälle des Bettes, und zweitens durch die Wassermenge, so dürfen wir aus dem Umstande, dass die Westströmung keine übermässig grosse Transportkraft entwickelt hat, schliessen, dass auch jene beiden Faktoren sich durch einen relativ gemässigten Charakter ausgezeichnet haben.

Zu letzterem Schlusse können wir auch noch auf einem anderen Wege kommen. Woher hätte wohl bei der vorherrschend horizontalen Lagerung der Tertiärschichten im Sundgau [1] ein starkes Gefälle kommen sollen? Mag immerhin oberhalb Basel die Strömung in einem Bett mit besonders starkem Gefälle geflossen sein, beim Austritt aus Schwarzwald und Jura musste sie jedoch einen ruhigeren Lauf beginnen.

---

[1] Vgl. auch die geringe Abnahme der Höhen in ost-westlicher Richtung!

Und wie stand es mit der Wassermenge zu jener Zeit? Wenn die Temperatur abnahm und die Niederschläge zunahmen, wenn also eine Eiszeit herannahte, so musste sich allerdings eine ziemlich mächtige Strömung entwickeln. Die Temperaturab- und die Niederschlagszunahme fanden aber zweifellos ganz allmählich[1] statt. Ebenso ging es später, als das umgekehrte Verhältnis eintrat, wie also die Vereisung zurückwich.

Da also ein Klimasprung nicht stattgefunden hat, so war damit auch die Möglichkeit gegeben, dass die Gewässer, in erster Linie die Schmelzwässer, durch die Strömung abgeführt wurden, ohne dass diese plötzlich in bedeutendem Masse verstärkt wurde.

Immerhin müssen wir aber zugeben, dass die Gesamtwassermengen der Westströmung diejenigen des heutigen Rheines bedeutend übertrafen. Man vergleiche nur die Breite des jetzigen Rheinbettes mit derjenigen der alten Westströmung! Beträgt doch die gerade Entfernung von Altkirch bis Mörnach etwa 13 km! Aus dieser Ausdehnung der Strömung in die Breite und aus der Thatsache, dass trotzdem die Maximalkorngrösse des Deckenschotters diejenige der zur Jetztzeit abgelagerten Rheinwacken mindestens erreicht, wenn nicht übertrifft, müssen wir schliessen, dass die Gesamtwassermengen der alten Westströmung doch, wenigstens zeitweise, erheblich grösser gewesen sind, als wie wir sie bei dem heutigen Rhein, selbst während seiner höchsten Wasserstände, finden. —

Es folgt die Frage :

---

[1] Vgl. auch Kinkelin: Der Pliocänsee des Rhein- und Mainthales und die ehemaligen Mainläufe. Bericht über die Senckenbergische naturforschende Gesellschaft in Frankfurt a. M. 1889. S. 77.

6. Wohin floss das Wasser?

Wir haben bereits gesehen, dass die Richtungsorientierung der Deckenschotter eine vorwiegend westliche ist. Hieraus folgt, dass die grosse Strömung von Basel westwärts floss. Da wir nach der geologischen Karte von Delbos und Köchlin das «diluvium rhénan» bis Morvillars verfolgen können, so ist zunächst sicher, dass die älteste Westströmung bis hierher geflossen ist. Da nun die Maximalhöhe derselben bei Bettlach etwa 530 m beträgt, dieselbe bei Morvillars demnach, wenn wir wieder das Gefälle von $^1/_2$ m auf 1 km Entfernung annehmen, etwa 514 m betragen haben muss (die Luftlinie Bettlach-Morvillars misst ungefähr 32 km); da ferner selbst die grössten Gipfelhöhen bei Morvillars weit geringer sind als die eben angegebene Maximalstromhöhe bei diesem Orte[1] und wohl nicht gut angenommen werden kann, dass dieselben bezw. das übrige noch tiefer liegende Gebiet durch die Niederschläge, die bezüglich ihrer Menge etwa von der primären Wasserscheide ab (vgl. die Gradschen Angaben dort) nach W. zu wieder abnehmen, seit der Deckenschotterablagerung um etwa 200 m reduziert worden sein sollten (gleich westlich von dem am Rhein-Rhône-Kanal gelegenen Orte Fesches-le-Châtel—Karte des deutschen Reiches, 1 : 100 000 — finden wir die Höhe 326!); da fernerhin, wie früher gezeigt worden ist, eine grössere Dislokation nach Ablagerung des Deckenschotters nicht mehr angenommen werden darf, so sind wir zu der Schlussfolgerung gezwungen, dass die älteste durch den

---

[1] Vgl. die Karte des deutschen Reiches, 1 : 100 000, Blatt Altkirch: der Meridian von Moval (s. s. ö. von Belfort) zeigt in nordsüdlicher Richtung die Höhen 427 m — 463 m — 397 m — 393 m — bei Etupes 401 m.

Obersundgau hindurchgehende Strömung über Morvillars hinaus nach W. und wahrscheinlich durch das Saône- und Rhônethal dem Mittelmeere zugeflossen ist.

Man ist schon früher zu der Annahme gekommen, dass eine Verbindung der Gewässer des Rhônethales mit denjenigen des Rheinthales bestanden habe.[1] Neuerdings sprechen sich Steinmann[2] und Gutzwiller für einen westlichen Abfluss der alten Westströmung aus. Gutzwiller stellt folgenden Satz auf: «Es muss vor der Erosion der Thäler des oberelsässischen Hügellandes eine Strömung, ein Rhein bestanden haben, der von Basel westwärts über Pfirt nach dem Saônegebiet sich bewegte und der erst später seinen heutigen Weg nach N. genommen hat.»

Wir wollen hier noch ausdrücklich davor warnen, etwa aus dem Nachweise der Schotterlage allein, westwärts von Basel bis nach Morvillars, den Schluss zu ziehen, dass die Weststromung auch über Morvillars hinausgegangen sei. Die Schotterlage allein beweist dies noch keineswegs. Wenn man nicht die Maximalhöhe des Weststromes berücksichtigt, dann ist jener Schluss durchaus nicht zwingend; die Strömung hätte sehr wohl bei Morvillars eine Wendung nach N., später nach E. machen und nördlich des Rhein-Rhône-Kanals dem Rheinthal zufliessen können! Ja, es scheinen sich der Annahme eines westlichen Abflusses der Westströmung sogar grosse Schwierigkeiten entgegenzustellen!

Scipion Gras (Comparaison chronologique des terrains quaternaires de l'Alsace avec ceux de la vallée du Rhône dans le Dauphiné, im Bull. de la Soc. géol. de France

---

[1] In welchem Sinne, vgl. die Anm. S. 17.
[2] Ueber Pleistocän und Pliocän in der Umgebung von Freiburg i. B. Mitt. der Grossherz. bad. geol. Landesanstalt. II, S. 76.

(2) XV, S. 182 und 183) bringt folgenden Satz: «Le diluvium alpin du Sundgau, qui forme le pendant de celui de la Bresse, est beaucoup moins vaste. *E. de Beaumont* (Annales des sciences naturelles (1) XIX, p. 41) *tout en identifiant, à cause de leur ressemblance parfaite, les terrains de transport du Sundgau et de la Bresse,* a fait remarquer *qu'on ne pourait pas les lier l'un à l'autre d'une manière continue. Il existe en effet entre eux une lacune de 8 myriamètres environ, sur la ligne de Besançon à Montbéliard.»

Also Gras sowohl wie E. de Beaumont stellen eine nach W. ununterbrochen fortlaufende alpine Schotterablagerung in Abrede.

Noch weiter geht Kilian. In seiner «Note sur la feuille Ferrette de la carte géologique de la France»[1] stellt er bezüglich des Ursprungs der Schotter des Sundgaus folgenden Satz auf: «Nous la (l'origine) croyons vosgienne et nous ne partageons pas l'opinion de MM. Parisot et Koechlin-Schlumberger qui font des graviers du Sundgau d'anciennes alluvions du Rhin. L'altitude considérable (450—460 m) qu'atteignent ces dépôts et la continuité des affleurements jusqu'au pied même des Vosges au N. E. de Belfort et aux environs d'Héricourt et de Montbéliard paraissent écarter a priori une provenance rhénane et par conséquent alpine.»

Zu demselben Resultat kommt Kilian noch durch andere Erwägungen. «L'examen des galets qui entrent dans la composition des graviers du Sundgau nous conduit aux mêmes résultats.» (Vgl. die nähere Ausführung S. 27 seiner Arbeit.)

Betrachten wir zunächst die Behauptungen Kilians. — Was die zuletzt angegebene Schlussfolgerung anbetrifft,

---

[1] Mém. de la Soc. d'émulation de Montbéliard, XVI, 1885, S. 26, 27.

so stellen wir K i l i a n die Geologen D e l b o s und K ö c h l i n, ferner P a r i s o t entgegen, die sich entschieden für das Vorhandensein von «diluvium *rhénan*» aussprechen.[1] Die weiteren Bedenken K i l i a n s, die wir zu Anfang angeführt haben, schwinden sofort bei unserer Auffassung von der Richtung und der Höhe des nach W. fliessenden Stromes. Wie steht es nun aber mit den Angaben von E. de B e a u m o n t und G r a s? Wenn letzterer wirklich recht haben sollte, dass nämlich von Montbéliard bis Besançon, also in einer Entfernung von «8 myriamètres» oder 80 km kein «diluvium alpin» sich befindet, so müssen wir zugeben, dass dies, o h n e unser früher gewonnenes Resultat über das Maximalniveau der Westströmung, entschieden zu grossen Bedenken bezüglich der Annahme eines westlichen Abflusses Anlass geben würde. Aber doch möchte man zunächst fragen: Befindet sich wirklich nirgends zwischen Montbéliard und Besançon Deckenschotter, auch nicht in beträchtlicher Höhe, von welcher anzunehmen ist, dass sie von der später im Doubsthal fliessenden Strömung, selbst beim höchsten Wasserstande, nicht erreicht und mithin durch die Erosion derselben nicht beeinflusst sein kann? Sollte diese Frage nach eingehendster Untersuchung zu verneinen sein, so müsste jenes Fehlen der Deckenschotter derart erklärt werden, dass man entweder annähme, letztere seien doch durch Erosion fortgeschafft worden oder aber ein alter Riegel mit sehr steiler Böschung hätte das Wasser wohl oben überfliessen lassen, den weiteren Transport der Kiese jedoch unmöglich gemacht. —
Die Gründe, die uns trotz der eben besprochenen Schwierigkeit z w i n g e n, einen Westabfluss anzunehmen,

---

[1] Vgl. P a r i s o t: Desc. géol. et minér. du territoire de Belfort, im Bull. de la Soc. Belfortaine d'émulation, 3e année, 1875—76, S. 222: Le diluvium rhénan s'observe exclusivement sur les terrains situés au sud du canal. entre Réchésy, Delle. Bretagne et Morvillars, etc.

haben wir bereits angegeben. Letzterer hat nun später aufgehört und es erfolgte der Abfluss nach Norden. Förster glaubt, dass dieser Wechsel durch die zunehmende Grabenversenkung zwischen Schwarzwald und Vogesen verursacht worden sei. Wir schliessen uns dieser Ansicht an.

Es bleibt uns jetzt noch eine Frage, aber, wie wir gleich betonen wollen, die für das richtige Verständnis der heutigen orographischen und hydrographischen Verhältnisse des Sundgauer Hügellandes bei weitem wichtigste Frage zu beantworten:

7. **Wie hat das Wasser gearbeitet, als es unser Hügelland passierte?**

Bis dahin haben wir fast nur von der nach Westen gehenden und auch nach W. abfliessenden Strömung gesprochen. Wir müssen jetzt weiter gehen und auch die jüngeren, d. h. die abwärts Basel eine Strecke weit zwar auch nach W. gehenden, dann aber nach N. umbiegenden Gewässer ins Auge fassen. Diese letzteren sind es, die in besonders hervorragendem Masse an der Reliefbildung und damit der heutigen Gestaltung der hydrographischen Verhältnisse des Sundgauer Hügellandes östlich der primären Wasserscheide teilgenommen haben.

Wir haben es demnach mit den Fragen zu thun: Wie lagen die Verhältnisse 1. zur Zeit der alten nach W. abfliessenden, und 2. zur Zeit der nach N. umbiegenden Strömung?

Die erste Frage ist leicht beantwortet: **So lange die gesamten den Deckenschotter ablagernden Gewässer aus dem Sundgau nach W. abflossen, so lange werden in dieser Schotterablagerung auch die von der Strömung gebildeten Rinnen einen vorwiegend ost-westlichen Verlauf gehabt haben.**

— 41 —

Um die 2te Frage beantworten zu können, müssen wir uns zunächst die Strömung im E. von Basel ansehen. Da wir für die letztere, zur Zeit der Deckenschotterablagerung, bei Rheinfelden eine Maximalniveauhöhe von etwa 550 m annahmen, so mussten wir dementsprechend die äussersten Ränder ziemlich weit nach N. und S. verlegen. Da nun du Pasquier gefunden hat (a. O. S. 103), dass das Rheinthal oberhalb Basel bereits zur Zeit der Deckenschotterablagerung vorhanden gewesen ist (natürlich nicht bis zur heutigen Tiefe!), so musste die eigentliche Hauptströmung mit fast der gesamten der Westströmung innewohnenden Stosskraft in der breiten Rinne, welche heute das Gebiet des Niederterrassenschotters ist, fliessen. Vgl. die Skizze S. 43.[1] Die Nordgrenze dieser eigentlichen Strömung, welche im Vergleich zu der sehr breiten Strömung im Sundgau in verhältnismässig schmalem Bette die Hauptmasse der gesamten Fluten fortwälzen und deshalb eine ausserordentlich starke sein musste, war etwa die Linie Wyhlen-Grenzach-Grenzacher Horn; die Südgrenze bildete etwa die Linie Pratteln-Muttenz. Demnach hatte die Hauptströmung im E. von Basel, kurz bevor sie die Rinne zwischen Schwarzwald und Jura verliess, nicht eine direkte West-, sondern eine W.N.W.Richtung, die sich jedoch zur Zeit der Deckenschotterablagerung westlich von Basel in eine westliche verwandelte, weil der Abfluss der ältesten Westströmung direkt westlich von diesem Orte erfolgte. Wenn wir ausserdem die topographischen

---

[1] Dies galt nicht allein für die Zeit der Deckenschotter-, sondern auch für diejenige der Hochterrassenschotterablagerung, wie also das Niveau der Strömung bereits beträchtlich tiefer als 550 m lag. (Nach Gutzwiller finden wir bei Wenzweiler — Blatt Volkensberg — in 360 m Höhe eine „an Kalkgeschieben und unzersetzten Feldspathgesteinen reiche Geröllablagerung". — Gutzwiller. a. O. S. 239.)

Verhältnisse des Jura im S. E. und S. von Basel betrachten (vgl. die Karten 8 und 10 des Topogr. Atl. der Schweiz, 1 : 25000), dann sehen wir auch, dass der südliche Teil der Strömung an den Jura sich anlehnen, mit andern Worten, dass derselbe für eine Strecke eine S.W.Richtung annehmen musste.

Es kam nun die Zeit, wo infolge der zunehmenden Grabenversenkung der westliche Abfluss an Stärke verlieren und allmählich ganz aufhören musste.

Mit dem Abfluss nach W. hörte aber keineswegs die Strömung nach W. auf. Wenn das Wasser auch nicht mehr im W. abfliessen konnte, so wurde es doch durch die östlich von Basel annähernd nach W. gehende Stosskraft gezwungen, zunächst diese Richtung beizubehalten, um dann in einem grossen Bogen langsam die nördliche Richtung zu gewinnen. Vgl. die roten Linien der Skizze.

Dass später der Rhein in kurzem Bogen nach N. umbiegen konnte, darf uns bei seiner weit geringeren Wassermenge und seinem ausschliesslich nördlichen Abfluss nicht wunder nehmen. Sollte die Wassermenge nochmals eine bedeutende Stärke erreichen, so würde sich zwar das alte Bestreben, weiter nach W. zu fliessen, als es jetzt der Fall ist, wieder geltend machen, wenn auch wegen des ausschliesslich nördlichen Abflusses in geringerem Masse als früher; aber das Rheinniveau ist inzwischen so tief gelegt worden, dass selbst beim höchsten Wasserstande die Fluten durch die eigenen alten Rheinaufschüttungen nach N. gewiesen werden würden.

Die Skizze zeigt punktierte Linien. Diese sollen den weiteren Verlauf angeben, welchen die einzelnen Teile der westlichen Hauptströmung hätten nehmen müssen, wenn ihnen kein Hindernis in den Weg getreten wäre. Ein solches stellte sich ihnen jedoch entgegen und zwar dort, wo sie die N.W.-Richtung verlassen und die Nordrich-

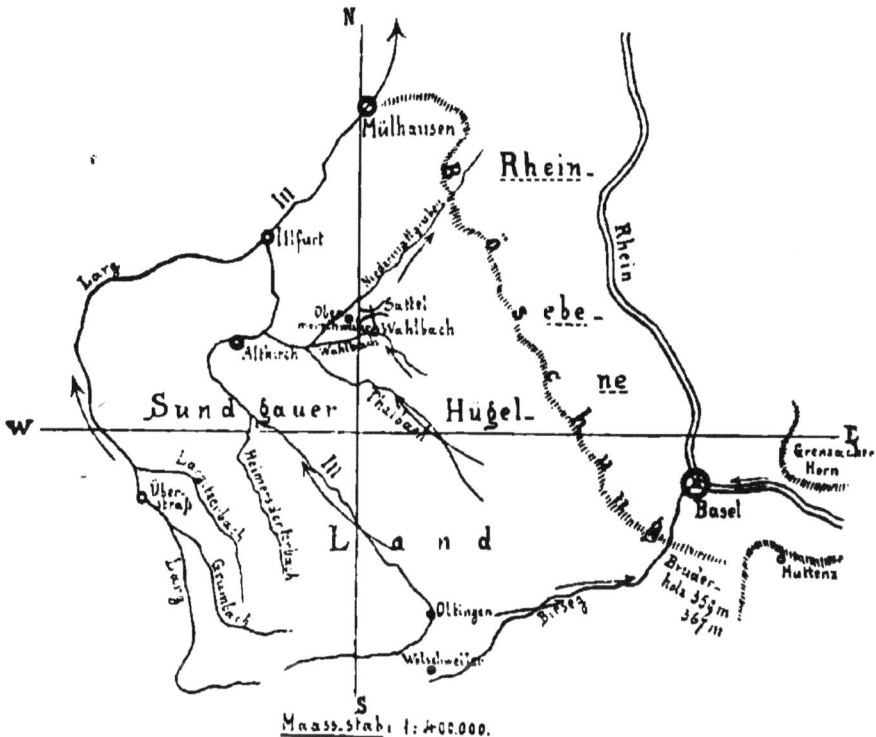

tung aufnehmen wollten. Dies Hindernis waren in erster Linie die Vogesengewässer. Wir dürfen keinen Augenblick ausser acht lassen, dass zu jener Zeit, wie die Weststrômung anfing, ihren Abfluss nach N. zu verlegen und auch noch lange nachher, das Niveau des Sundgauwassers ein sehr hohes war[1] und dass letzteres

---

[1] Vgl. auch Kinkelin, a. O. S. 80 u. 83.

bezüglich seiner Ausdehnung immer noch einen seeartigen Charakter hatte. Also jener breiten, **alpinen** Strömung traten die breiten, seeartigen **Gewässer im S. der Vogesen** entgegen. In letztere ergossen sich mehrere Vogesengewässer, entsprechend den Thälern am Südabhange des Gebirges. Da diese Thäler der Hauptsache nach N.N.W.-S.S.E.-Richtung hatten, wenigstens soweit sie **über** dem Niveau des Hauptgewässers lagen, so musste der Hauptdruck gegen die alpinen Gewässer, welche bereits N.W.-Richtung hatten, ebenfalls in N.N.W.-S.S.E.-Richtung, also in einem der Nordwestströmung fast entgegengesetzten Sinne erfolgen. Wohin floss nun das Wasser weiter? Auf keinen Fall konnte die alpine Strömung ihre N.W.-Richtung in eine N.-Richtung verwandeln. Sie wurde ebenso wie die Vogesengewässer gezwungen, zunächst senkrecht zur alten Richtung; d. h. annähernd nach N.E. weiter zu fliessen. Diese Richtung musste solange beibehalten werden, bis einerseits das Vogesenwasser infolge der Umbiegung des südlichen Vogesenrandes nach N. seinen Widerstand gegen das Alpenwasser aufgab und bis andererseits die um diese Zeit von Basel ausgehende, hauptsächlich wohl durch Schwarzwaldgewässer gebildete direkte Nordströmung ihren Einfluss, ihren Widerstand geltend machte. Nun erst konnte die erstrebte Nordrichtung von der ursprünglichen Westströmung aufgenommen werden.

Es ist wohl überflüssig hinzuzufügen, dass bei der Umbiegung der Westströmung nach N. der **nördlichste** Teil derselben **in erster Linie** dem Zuge nach N., wenn der Ausdruck gestattet ist, folgen musste. Es ist deshalb höchst wahrscheinlich dass, wenn wir uns die Grabenversenkung nicht katastrophenartig, sondern verhältnismässig langsam zunehmend denken, der nördliche Teil der alten Westströmung bereits eine Wendung nach N. machte, als der südlich von ihm fliessende Teil noch nach W. weiterging und auch dorthin abfloss. Erst allmählich folgte die ganze Strömung in grossem Bogen dem Zuge nach N. Dass bei dieser Umbiegung der Strömung nach N. letztere das von der alten nach W. abfliessenden Strömung gebildete Bodenrelief zum grössten Teil zerstören musste, ist selbstverständlich. Wir finden deshalb auch nur noch wenige Strecken von Thälern, die sich in ost-westlicher Richtung erstrecken.

Ganz dem Verlaufe der in grösserem oder kleinerem Bogen nach N. umbiegenden Strömung entsprechend werden auch die von derselben in dem abgelagerten Schotter gebildeten Rinnen verlaufen sein.

Wir müssten also von den umbiegenden Strömungen konzentrische, durch Rücken getrennte Halbringe vorgezeichnet finden, die heute allerdings infolge der nachträglichen, jahrtausendelangen Arbeit der Atmosphärilien beträchtlich umgeformt,[1] in der Hauptsache jedoch dieselben geblieben sind.

Wenn wir uns nun daraufhin die Karte ansehen, so finden wir thatsächlich jene konzentrischen Halbkreise. Wir wollen sie in grossen Zügen hier angeben. (Vgl. d. Skizze S. 43.)

Der äusserste Halbring ist das Largthal; dann folgt das Birseg-Illthal. Dies ist der am besten ausgebildete Halbring. Derselbe wird nur von einer niedrigen Schwelle bei Wolschweiler unterbrochen, so dass sogar bei einem Rheinniveau von etwa 400 m Höhe der Rhein abermals einen Arm durch jenes Thal schicken würde. Als dritten

---

[1] Man bedenke auch nur immer, dass wir es im eigentlichen Schottergebiet mit ausserordentlich losem Material zu thun haben!

inneren Ring hätten wir das Thalbach- bezw. Wahlbach -) Niedermattgrabenthal[1] (bei Landser, Blatt Landser) zu nennen. Auch dies ist ein sehr gut ausgebildeter Halbkreis, der ebenfalls nur durch eine kleine Schwelle bei Obermorschweiler unterbrochen wird. — Es soll hier noch hinzugefügt werden, dass ausser der Thalrichtung durch unsere Darstellung auch die **Breite und Tiefe und vor allem die sanften Böschungen** (im Gegensatz zu den **steilen** Wandungen der recenten Erosionsthäler!) der heutigen Thäler ihre Erklärung finden.

Nach diesen Darlegungen können wir folgende — der Wirklichkeit entsprechende — Sätze bezüglich der Oro- und der Hydrographie des Sundgauer Hügellandes, soweit dieses von der nach N. umbiegenden Strömung beeinflusst wurde, aufstellen:

Die durchgreifende Eigenschaft des Bodenreliefs des Obersundgaus, soweit dieser von der in grossem Bogen nach N. umbiegenden Westströmung bearbeitet wurde, ist die, dass die Thäler sowie die Rücken in konzentrischen Halbkreisen liegen, und den hieraus sich ergebenden hydrographischen Folgesatz:

---

[1] Gegen die Annahme, dass auch der letztere Teil dieses Halbringes, nämlich das Niedermattgrabenthal, von der nach N. umbiegenden Strömung gebildet worden sei, spricht jedoch der Umstand, dass in diesem Thale so gut wie gar keine Kiese gefunden werden. Immerhin bleibt es nicht ausgeschlossen, dass auch durch dieses Thal eine, wenn auch nur sehr langsam — und so liesse sich das Fehlen der Schotter erklären! — fliessende Strömung ging, die ihr Wasser hauptsächlich von der Wahlbachströmung (vergl. spätere Ausführung) erhielt. Die eigentlichen Hauptströmungen gingen jedoch durch das Larg-,das Birsag-Illthal und das Thalbachthal bis zur Illströmung. Die recht stark fliessenden Thalbachgewässer gingen nicht über Obermorschweiler in das Niedermattgrabenthal — das Fehlen des Schotters in letzterem beweist dies —, sondern über Wittersdorf nach dem Illthal!

Die heutigen Flüsse und Bäche in dem betreffenden Gebiete verlaufen ebenfalls in konzentrischen Halbringen.

Um Missverständnissen vorzubeugen, verweise ich auf meine Bemerkung über die Verwerfungen in unserem Gebiete, S. 13. Vgl. ferner Förster, Geol. Führer, S. 10 und 11. Der Hauptanteil der Schichtenstörungen an der Reliefbildung unseres Gebietes liegt eben nur darin, dass sie das südnördliche, bezw. westöstliche Fallen des Hügellandes bewirkt haben (vgl. S. 26 ff.); keineswegs jedoch sind sie in wirklich hervorragendem Masse daran beteiligt gewesen, unseren Flüssen ihre Läufe vorzuzeichnen!

Nach unseren Ausführungen haben wir es im Sundgauer Hügellande keineswegs mit einem unentwirrbaren Chaos orographischer Formen, sondern im allgemeinen mit einem regelmässigen Aufbau früher wirkender Faktoren zu thun. Wir müssen nur bei der Erklärung des Sundgaureliefs stets im Auge behalten, dass die Spuren der «alten» nach W. abfliessenden Strömung bei weitem nicht so in die Augen springen und springen können, wie diejenigen von der nach N. umbiegenden Strömung. Stehen geblieben ist von der Arbeit der alten Weststromung ein grosser Teil des von ihm abgesetzten Materials, des Schotters (Decken-); vieles ist jedoch abgetragen, vieles umgelagert worden.

Wenn man lange Zeit den Sundgau zu durchqueren Gelegenheit gehabt hat, dann kann man bald, ohne die Karte zu befragen, Auskunft über die Oberflächenform, die einem noch nicht zu Gesicht gekommen ist, geben. Es herrscht eben überall eine grosse Regelmässigkeit. Man darf sich nur keinen Augenblick der ausschliesslichen Betrachtung des unmittelbar vor einem liegenden, sichtbaren

Teiles des ganzen, einheitlich geschaffenen Bildes hingeben, sondern muss stets die grossen, leitenden Züge ins Auge fassen.

Im engsten Zusammenhange mit der Orographie stehen selbstverständlich die heutigen hydrographischen Verhältnisse. Unsere Karte zeigt uns deutlich die konzentrischen Wasserhalbringe. — Wir wollen hier noch besonders auf den parallelen Verlauf mehrerer Flüsschen hinweisen.

In meist breiten, tiefen Thälern fliessen nach NW.: Der Thalbach von seiner Quelle bis Emlingen, die Ill von Ottingen bis Carspach, die Larg von Obersept bis Mansbach, der Wahlbach von seiner Quelle bis zum grossen Knie nordöstlich vom Dorfe Wahlbach u. a.

Weshalb die Larg etc. nach Aufgabe der NW.-Richtung zunächst eine Wendung nach E. machen muss, geht aus unserer allgemeinen Darstellung des Verlaufes der nach N. umbiegenden Westströmung hervor. Doch sei es gestattet, hier noch auf einige scheinbar unerklärliche Unregelmässigkeiten in den einzelnen Flussläufen einzugehen.

Der Wahlbach fliesst vom Dorfe Wahlbach bis zur Einmündung in den Thalbach fast in EW.-Richtung; der Thalbach biegt bei Emlingen nach W. um, behält diese Richtung bis Wittersdorf, wo er in das Hauptthal der Ill eintritt. Die Ill beginnt ihre Wendung bei Carspach und geht zunächst bis Altkirch in NE.-, von da aber bis St. Morand in E.-Richtung; hier biegt das Thal allmählich nach N. um, um dann von Illfurt bis Mülhausen die NE.-Richtung einzuschlagen.

Was nun zunächst den Wahlbach anlangt, so dürfte sich die EW.-Richtung des fraglichen Thales leicht erklären, wenn wir letzteres als einen Thalrest der Nordrinne der alten Westströmung ansprechen.[1] — Die später

---

[1] Vgl. die geologische Karte von Delbos und Köchlin.

nach *N*. umbiegende Strömung floss zunächst in dem nach NW. verlaufenden Teile des Wahlbachthales und ging dann wahrscheinlich von dem grossen Wahlbachknie nordwärts über Heilhof in das Niedermattgrabenthal. Hierfür spricht der nördlich vom Knie beginnende, gleich westlich von Heilhof sich hinziehende und mit dem Niedermattgrabenthal in Verbindung stehende Sattel. Das Thalbachthal von Emlingen ab kann nur als die Fortsetzung des jetzigen Wahlbachthales angesehen werden.

Und wie steht es mit der Ill? Der äusserste unserer konzentrischen Halbkreise ist das Largthal. Das in ihm fliessende Wasser stiess direkt auf die Vogesengewässer und wurde von diesen zu der bedeutenden Richtungsänderung gezwungen, wie sie so sehr anschaulich auf den Messtischblättern (1 : 25 000) uns vor Augen tritt. Zwischen Larg und Ill floss auch Wasser; dieses sowohl, wie das im Illthal, wurde ebenfalls zu der Wendung gezwungen, nur mit dem Unterschiede, dass die Krümmung wegen des kleineren Radius hier eine stärkere sein musste. So entstand die Rinne Carspach-St. Morand. Wesbalb aber nahm die Ill bei St. Morand nördlichen Verlauf?

Förster sagt in seinem «Geolog. Führer», S. 11: «Eine Störung scheint von Altkirch über Walheim in der Richtung nach Lümschweiler zu verlaufen.» Ist diese Annahme richtig, so ist damit auch unsere Frage beantwortet.

Damit keine Missverständnisse entstehen, soll hier nochmals ausdrücklich erklärt werden, dass die angeführten nach NW. sich erstreckenden Thäler entschieden nicht in ihrem ganzen Verlaufe als «alte»

Rinnen angesprochen werden können. Das Feldbach- und das Largitzerbachthal sind in der Hauptsache Erosionsthäler neueren Datums (vgl. die steilen Böschungen!) und deshalb auch nicht unter den konzentrischen Halbringen aufgeführt worden. Aber auch um nur eins herauszugreifen in Betreff des L a r g thales, — — das doch zu jenen Halbkreisen gerechnet wurde, muss gesagt werden, dass dasselbe z. B. ober- und unterhalb des Dorfes Niedersept (Messtischblatt Hirsingen und Messtischblatt Friesen) zweifellos recent und durch jüngere Erosion entstanden ist, wie dies die ausserordentlich steilen Böschungen und die verhältnismässig geringe Breite des Thales andeuten. Aber abwärts Ueberstrass (Messtischblatt Friesen) erblicken wir ein auffallend breites, sanftwandiges Thal, wie wir es z. B. auch beim Thalbachthal so sehr gut beobachten können. Diese breiten, sanftwandigen Teile der angeführten konzentrischen Halbringe werden von uns als «alte» Rinnen angesprochen.

Wir wiederholen kurz das Ergebnis unserer Untersuchungen: **Das ganze Relief des Sundgauer Hügellandes ist** — wenn wir von dem süd-nördlichen bezw. ost-westlichen Fallen desselben absehen — **in seinen wesentlichen Zügen von der alten, grossen Strömung geschaffen worden; es sind demnach bereits von dieser den heutigen, winzigen, in überaus grossen Thälern fliessenden Gewässern die Wege vorgezeichnet worden.** —

Es bleiben uns jetzt noch folgende hydrographische Erscheinungen im Sundgauer Hügellande zu besprechen:

1. Die Flüsschen, welche, sobald sie das Hügelland verlassen haben, versiegen;

2. Die Bäche, welche sich vollständig selbständig ihre Wege gesucht und gebahnt haben, nachdem die allgemeine Wasserbedeckung des Sundgaus aufgehört hatte;
3. Die stehenden Gewässer, die Seen.

I.

Die Flüsschen, welche die Eigentümlichkeit besitzen, dass sie, nachdem sie aus dem Sundgauer Hügellande herausgetreten sind, von der Oberfläche verschwinden, d. h. versiegen, finden wir zwischen Basel und Habsheim. Sie versiegen alsbald nach ihrem Eintritt in die heutige Rheinebene. Es sind dies folgende, wenn wir von S. nach N. gehen:

1. Der Allschwilergraben (Blatt Basel-Allschwil, Topogr. Atlas der Schweiz, 1:25000).
2. Der bei Hegenheim in die Rheinebene tretende «alte Graben».
3. Der Häsinger Bach.
4. Der zwischen Häsingen und Blotzheim aus dem Hügelland heraustretende Liesbach.
5. Der Mühlbach, später Neugraben genannt.
6. Der Mühlgraben.
7. Der Aeschenbachgraben, zwischen Bartenheim und Sierenz.
8. Der Saurentzbach bei Sierenz. Bei diesem Bache fällt die schnelle Abnahme der Wassermassen ganz besonders deutlich ins Auge. Bei Sierenz ist der Bach von der beträchtlichen Breite von 2—3 m. Bei trocknem Wetter ist das Wasser allerdings nicht tief, etwa 10—20 cm; bei Regenwetter schwillt der Bach jedoch ganz gewaltig an. Ostnordöstlich vom Bahnhof Sierenz teilt sich derselbe in zwei Arme, von welchen der nach N. gehende

noch eine Länge von 2 km, der nach NE. sich hinziehende jedoch nur eine solche von etwas mehr als 1 km erreicht. In 3 km Entfernung von Sierenz ist bereits der letzte Tropfen des Saurentzbaches verschwunden.

9. Der bei Schlierbach die Wiesen durchlaufende Bach.

10. Der Niedermattgraben bei Dietweiler. Derselbe führt, da er durch die etwa $1^1/_2$ km nordöstlich von Obermorschweiler befindliche, stark fliessende Quelle gespeist wird, stets, bei Niederschlägen sogar reichliche Wassermengen. Wie der Saurentzbach, so ist auch dieser künstlich zum Zweck der Wiesenbewässerung in mehrere Arme geteilt. Der südlichste von ihnen endet jedoch nicht, wie auf der Karte angegeben ist, an dem Waldwege, sondern fliesst auf nacktem Kies bis an eine trichterförmige Vertiefung im Schotter, dicht an der westlichen Bahnseite. Die Vertiefung ist zweifellos künstlich gemacht. Man kann hier besonders gut beobachten, wie schnell das Wasser in den Kies einsickert; dasselbe kommt jenseits der Bahn in der Kiesgrube wieder zum Vorschein. Der mittlere Arm vereinigt sich bei Punkt 244,3 mit dem nördlichsten, welch letzterer, wenn er auch viel Wasser führt, doch ausserordentlich schnell an Gehalt abnimmt und den Rest in der östlich von dem Namen Habsheim an der Bahn gelegenen Kiesgrube verschwinden lässt.

Alle angeführten Gewässer dienen in erster Linie zur Bewässerung der Wiesen. Sie alle führen von den Hügeln Löss mit herab, den sie ziemlich weit transportieren. Wenn nun auch einige derselben behufs besserer Ausnutzung in mehrere Arme zerlegt worden sind, so bleibt es auf den ersten Blick immerhin auffallend, dass das Wasser auf einer relativ kleinen Fläche — das wäre die bewässerte Wiesenfläche — so vollständig sich verliert. Das Auffällige in dieser Erscheinung verschwindet jedoch sofort, wenn man den Untergrund der Wiesen genauer betrachtet. Dieser besteht nämlich aus Kies, der fast die Oberfläche erreicht. Der Kies sowohl wie die denselben überlagernde sehr dünne Decke[1] lassen nun ausserordentlich leicht Wasser durch, und daher kommt es, dass die Bäche so schnell versiegen.

Diese auffällige Erscheinung des Verschwindens der angeführten Bäche ist schon sehr früh beobachtet worden. Die Karte von Specklin vom Jahre 1576 zeigt uns dies. Auch Schöpflin[2] in seiner Alsatia illustrata, Band I, § 11, S. 8, verweist ebenfalls mit den Worten darauf: Septem rivuli annonymi versus ortum decurrentes, et in eadem.(der Hardt) se perdunt.

Dass hier nur von 7 Bächen die Rede ist, erklärt sich wohl so, dass einige der kleineren, die nur zu Zeiten Wasser führen, nicht mitgezählt worden sind, z. B. der winzige Aeschenbachgraben.

---

[1] Vgl. Förster, Geol. F., S. 87, über das Vorkommen von „Sandlöss." Nach S. 88 ebend. besteht der bei Dietweiler „vorgeschobene Schuttkegel", an welchen der Niedermattgraben den grössten Teil seines Wassers abgiebt, aus „umgeschwemmtem Löss", der bekanntlich, wenn er sich nicht in plastischem Zustande befindet. Wasser ziemlich leicht durchlässt. — Ueber die ausserordentlich grosse Wasserdurchlässigkeit des Schotters vgl. Ch. Grad: Essai sur l'hydrologie du bassin de l'Ill, im Bull. de la Soc. Ind. de Mulhouse. Tome XXXVI, p. 543 ff. — Auch sei hier die Thatsache erwähnt, dass, als bei den vorjährigen Bauten im alten Bassin in Mülhausen der Bassinboden von der den Kies schützenden Lehmdecke befreit worden war, später bei der Wiederanfüllung des Beckens mit Wasser letzteres in ganz kurzer Zeit in die Keller der nahegelegenen Häuser drang und ein weiteres Vordringen desselben erst verhütet werden konnte, nachdem man das Kiesbett wieder mit Lehm überdeckt hatte. —

[2] Vgl. ferner Delbos et Köchlin, Descr. géol. Bd. I. S. 12 u. Bd. II, S. 267.

II.

Wir haben jetzt noch ganz kurz eine Unmenge von kleinen, vielfach intermittierenden Gewässern zu besprechen, die alle erst zur nachdiluvialen Zeit ihr Bett gegraben haben. Wir sehen hier jedoch von denjenigen Bächen ab, deren Rinnen zwar recent sind, aber doch wieder ihrerseits in alten, breiten Thälern liegen, welche bereits durch diluviale Strömungen gebildet worden sind. Es handelt sich hier um die unzähligen Erosionsthäler im Sundgauer Hügellande, die sich z. B. ganz besonders zahlreich südlich, südöstlich und südwestlich von Hirsigen befinden und sich durch ihre Kürze, ihre fast rechtwinklig zum Hauptthal verlaufende Erstreckung, durch ausserordentliche Tiefe, aber geringe Breite und demnach sehr steile Böschungen auszeichnen.

Alle diese Thäler sind entstanden durch die rückschreitende Erosion der Oberflächengewässer. Da es sich in unserem Gebiete um die Erosion von ausserordentlich losem Material, meistens Schotter, handelt, der mit einer das Wasser auffangenden Lehmschicht bedeckt ist, so kann man sich wohl vorstellen, dass hier, namentlich im niederschlagsreichen Gebiet, die Arbeitsleistung der Oberflächengewässer eine grosse gewesen ist. Ein einziger tüchtiger Gewitterregen war und ist imstande, in dem lockeren Material grosse Verwüstungen anzurichten. So kommt es denn auch, dass wir Einschnitte von 8—10 und mehr Meter Tiefe finden.

Zuweilen finden wir Quellen darin. Ein sehr gutes Beispiel dieser Art zeigt uns ein Einschnitt im Rehbergwald westlich von Rantsweiler (Blatt Landser). Auf der Karte ist er nicht angegeben. Man findet ihn, wenn man den Postweg, welcher den Weg Rantsweiler-Heilhof schneidet, bis dahin verfolgt, wo er zum ersten

Male ganz nahe an den Wald herantritt. Sofort am Waldessaum sieht man 3 Quellen ihr klares, auf Tertiärgestein fliessendes Wasser in einen tiefen Einschnitt ergiessen. Es ist sicher, dass in diesem Falle ein Teil der Erosionsarbeit dem Quellwasser zuzuschreiben ist; die bei weitem grösste Arbeit hat jedoch auch hier das Oberflächenwasser (Platzregen!) geleistet. — Ein Einschnitt ohne Quelle befindet sich — um auch hier nur eins von den vielen Beispielen anzuführen — an der von Largitzen nach Friesen führenden Chaussee und zwar an der Südseite der letzteren, dort, wo dieselbe zuerst den Wald berührt. —

Auf die Quellen in unserem Gebiet wollen wir nicht eingehen, da dieselben schon anderweitig behandelt worden sind.[1]

Wir wollen jetzt die fliessenden Gewässer verlassen und uns nun der Besprechung der im Sundgauer Hügellande vorkommenden stehenden Gewässer, der Seen (Weiher) zuwenden.

III.
Die Seen (Weiher).

Wenn wir die Messtischblätter Altkirch, Dammerkirch, Friesen und Hirsingen betrachten, so fällt uns sofort eine ausserordentlich grosse Zahl von kleineren und grösseren stehenden Gewässern auf, die wir wieder am dichtesten und zahlreichsten auf den beiden zuletzt genannten Blättern, Friesen und Hirsingen, finden. Nehmen wir nun das Blatt Altkirch im Massstabe 1 : 100 000 (Karte des deutschen Reichs), welches im Westen ungefähr mit

---

[1] Vgl. Delbos et Köchlin, a. O., Bd. II, S. 263 ff.

dem Meridian von Belfort abschneidet, so finden wir, dass westlich der deutsch-französischen Grenze sich ebenfalls eine Unmenge von kleinen Seen befindet, die sich gegen ihre deutschen Genossen im allgemeinen durch eine etwas grössere Ausdehnung auszeichnen. Wenn wir das Gebiet, welches durch solche auffallende Anhäufung von Seen [1] in die Augen fällt, durch eine Linie einschliessen wollten, so wäre diese etwa folgende: Morvillars - Bretagne - Chavannatte, von hier in flachem nach S. E. geöffneten Bogen nach Altenach-Hirzbach, das Illthal bis Grenzingen, Mörnach - Pfetterhausen - Faverois - Morvillars.

Mit dieser Linie hätten wir das eigentliche Seengebiet umgrenzt. Ausserhalb derselben finden wir nur vereinzelt einige Weiher. Die grosse Seenreihe nördlich von Belfort ist von der unsrigen durch ein breites, so gut wie seenloses Gebiet getrennt und befindet sich ausserdem als nicht im Schottergebiet der alten Westströmung liegend ausserhalb unseres Besprechungsbereiches.

Betrachten wir nun die geologische Karte von Delbos und Köchlin, so sehen wir, dass unser Seengebiet — wir sehen hier immer von den vereinzelt ausserhalb der angegebenen Grenze liegenden Weihern ab — vollständig im Gebiet des »diluvium rhénan« sich befindet, ja dass, wenn wir von dem nördlich der Linie Altmünsterol-Hirzbach liegenden »diluvium rhénan« absehen und wenn wir für den Augenblick nur das westlich des Illthales gelegene Gebiet desselben betrachten, dieses vollständig mit unserem Seengebiet zusammenfällt. Dieses auffallende Zusammentreffen lässt schon von vornherein eine enge

---

[1] Zu ihnen rechnen wir auch die jetzt nicht mehr Wasser führenden und bereits in Wiesen umgewandelten Weiher.

Verbindung der Seen mit dem Schotter vermuten. Diese Vermutung wird nun bei genauerer Untersuchung zur vollen Gewissheit werden. — Beginnen wir zunächst mit einer ausführlichen **Beschreibung** der Seen.

Selten finden wir die Weiher vereinzelt; fast immer sind sie in grösserer Zahl bei einander, entweder derart, dass gleich nach Aufhören des einen der andere folgt, wie dies z. B. bei den südwestlich von Hirzbach gelegenen 3 Gemeindeweihern und dem Landfürstenweiher, ferner bei den etwa $1^{1}/_{2}$ km östlich von Largitzen liegenden 4 Weihern der Fall ist (alle auf Blatt Hirsingen), oder sie sind durch eine kleine Strecke Wiese oder Wald getrennt, wie wir z. B. bei dem s. w. von Feldbach (Blatt Hirsingen) gelegenen Heinis- und dem nördlich von diesem befindlichen Gross-Weiher, ferner bei dem etwa $1^{1}/_{2}$ km nordwestlich von Largitzen liegenden Gross- und Klein-Fürstenweiher sehen können.

Von den allein liegenden Weihern wollen wir den Lützelweiher s. s. w. von Moos und den Tonisweiher n. ö. von Pfetterhausen nennen (beide auf Blatt Hirsingen).

Man darf sich das Gesellschaftsleben der Weiher nun nicht so vorstellen, als ob jeder sich in der nächsten Nähe **von zugleich mehreren** seiner Nachbarn befände, sondern die Weiher liegen stets **hintereinander** in einer mehr oder weniger langen Reihe: sie liegen in ein und derselben Depression.

Ich will nun ein ganz besonders lehrreiches Beispiel, **dem aber alle andern gleichen**, herausgreifen und dasselbe auf das genaueste beschreiben.

Nördlich von dem Punkt 427,9 an der Chaussee Feldbach-Bisel (Blatt Hirsingen) beginnt eine Depression, die sich in einer Länge von gut 5 km in fast süd-nördlicher

Richtung erstreckt, dann sich mit der östlich vom Wege Largitzen-Hirzbach befindlichen Senke vereinigt und mit dieser zusammen in das Illthal mündet. In der ersteren Depression befinden sich nicht weniger als 12 kleinere und grössere Weiher, von denen der grösste 600 m lang ist und eine Maximalbreite von 250 m besitzt, der kleinste dagegen keine 50 m Durchmesser hat. Von der Westseite münden in die Hauptsenke mehrere flachmuldige, mehr oder weniger lange Depressionen, z. B. bei dem Tonisweiher, dem Stoffelsweiher, beim Herren-Neuweiher und dem nördlich von diesem gelegenen Weiher. Die beim Herren-Neuweiher mündende Senke hat eine Länge von 1 $^1/_2$ km und enthält den Neuweiher.

Alle diese Weiher sind an einem Ende, und zwar hier dem Nordende, mit Riegeln versehen, die man beim erstmaligen Begehen durchweg für vollständig künstliche hält. Bei genauerer Beobachtung findet man jedoch, dass zwischen dem Brüdungs- und dem Herren-Neuweiher eine zweifellos natürliche, breite Schwelle liegt, die offenbar durch abfliessendes Wasser durchnagt worden ist; auch dürfte gleich östlich vom Wege Bisel-Heimersdorf (mittwegs) zwischen Chaussee und Weiher ursprünglich ein natürlicher Verschluss bestanden haben.

Die Riegel sind nun, meistens in der Mitte, mit einer unterirdischen, künstlich hergestellten Abflussrinne versehen, die durch eine besondere Vorrichtung abgeschlossen werden kann. Die Riegel sind auf der Karte genau angegeben. Meistens stösst das dem Damm gegenüber liegende Ende eines Weihers, wenigstens soweit der normale Spiegel des Wassers in Betracht kommt, nicht an den Riegel des südlich davon gelegenen Weihers: zwischen diesem und dem nordwärts gelegenen Weiherende befindet sich sumpfiger oder auch fester Wiesenboden. Durch diesen geht eine kleine Rinne, die je nach der Menge der Niederschläge die überschüssigen Gewässer des südlich gelegenen Weihers dem nördlichen zuführt. Von Quellen findet man hier nicht die Spur; die Speisung ist eine rein oberflächliche. Der unmittelbar unter dem Wasser liegende Teil des Seebeckens sowohl wie die Decke der Umgebung bestehen aus wasserundurchlüssigem Lehm.

Am oberen Ende sind die Weiher ausserordentlich flach; allmählich nimmt die Tiefe zu, welche ihr Maximum in der Nähe der Riegelmitte erreicht. Die grösste Tiefe dürfte im allgemeinen 2 m kaum übersteigen.

Die Beschreibung, welche wir hier von den 12 zur Exemplifizierung dienenden Weihern geliefert haben, passt nun im allgemeinen für sämtliche Weiher: Stets finden wir Riegel, die entweder thatsächlich künstlich hergestellt sind oder doch auf den ersten Blick so erscheinen; stets sind die Weiher in der Nähe der Riegelmitte am tiefsten, an dem dem Riegel gegenüber liegenden Ende am flachsten; stets finden wir mehr oder weniger mächtigen Lehm oder Thonweg (mit wenigen Ausnahmen z. B. am Wege Altkirch-Hirsingen, wo blauer Letten den Untergrund bildet) als Wasserboden und als oberste Decke der Umgebung. Unter dem Lehm befindet sich Schotter, unter diesem Tertiärgestein. Fast ausnahmslos werden sie oberflächlich gespeist.[1] Gemeinsam ist den Weihern ferner, dass sie meistens in mehr oder weniger langen,

---

[1] Solche Ausnahmen bilden z. B der Fürstenweiher südöstlich von Dammerkirch an der Bahn, ferner der auf der Karte nicht markierte sogenannte Forellenweiher am Wege Largitzen-Hirzbach, dann aber namentlich eine grosse Zahl von den ganz winzigen, künstlich ausgegrabenen Wasserbehältern, die für uns aber wenig

sanftwandigen Depressionen liegen. Ganz vorwiegend erstrecken sich die Senken, in denen die Weiher liegen, in S. N. - oder S. S. W. - N. N. E. - oder S. S. E. - N. N. W. - und in Frankreich auch in S. E. - N. W. - Richtung. Die W. E. - Richtung kommt ganz vereinzelt vor; sie findet sich auf deutschem Gebiet nur w. s. w. von Friesen, n. und n. w. von Largitzen und ferner zwischen Rüderbach und Riespach. Stets bilden die Weiher einen Abfluss, der sich in der Regel unterhalb des tiefstgelegenen zu einem selbständigen Bach entwickelt, der in dem zu durchfliessenden Schotter tiefe Erosionsrinnen bildet und sich zuweilen zu einem recht beträchtlichen Gewässer entwickelt. Wir verweisen nur auf den s. w. von Hirzbach aus dem Landfürstenweiher austretenden Seebach. Die Wassermenge der Abflussbäche hängt ab von der Menge der Niederschläge.

Ueberall finden wir dieselbe Erscheinung, dass Nebendepressionen, die häufig wieder Weiher enthalten, in die Hauptsenken münden. Betrachten wir den Boden sowohl der jetzt völlig trocken gelegten und bereits in Wiesen verwandelten, als auch der eben erst vom Wasser befreiten Weiher, so finden wir stets dasselbe Relief, nämlich einen Teil eines durchweg normal verlaufenden d. h. eines sich ganz allmählich nach der Breite und der Tiefe immer mehr ausdehnenden Thales. Hinzuzufügen ist jedoch, dass die Senken gleich von Anfang an eine beträchtliche Breite aufweisen.

Fragen wir nach dem Zweck der jetzt offenbar künstlich erhaltenen Weiher, so lautet die Antwort: sie

---

Bedeutung haben. Auch wollen wir hier noch den nördlich von Dürlinsdorf (Blatt Pfirt) trocken gelegten Weiher erwähnen, auf dessen Boden wir heute noch eine Quelle beobachten können.

dienen zur Fisch-, speziell zur Karpfenzucht, wenigstens soweit die auf der elsässischen Seite gelegenen Weiher, die ich samt und sonders aus eigener Anschauung kenne, in Betracht kommen.[1] Nachdem wir nun eine eingehende Beschreibung der Weiher gegeben haben, scheint die Frage nach der Art der Entstehung derselben eine überflüssige zu sein. Man wird sagen: Depressionen waren in grosser Zahl vorhanden, man zog Riegel hindurch, und so schuf man auf die einfachste Art von der Welt die terrassenartig unter einander liegenden Weiher. In der That ist man anfangs leicht geneigt anzunehmen, dass hiermit die ganze Seenfrage für unser Gebiet gelöst sei. Man möchte sagen: man schaffe einmal die künstlichen Riegel weg, dann wird man eine gewöhnliche fortlaufende Depression ohne Weiher, dafür aber mit einem Bache sehen, wie dies z. B. in der Feldbach-Heimersdorfer Senke der Fall ist. Und umgekehrt: man ziehe in der letzteren Querriegel,

---

[1] Es sei an dieser Stelle gestattet, einige Worte über den Verlauf des eigentlichen Fischfangs hinzuzufügen. — Die Weiher werden nach einander im Herbst behufs des Fischfangs dadurch trocken gelegt, dass die Schleusen, die am Riegel sich befinden, ganz aufgezogen werden. Die Entleerung der grössten Weiher dauert gewöhnlich tagelang. Man geht nun mit Körben in die wasserleeren Weiher hinein und liest die Karpfen auf, die dann wieder in ganz kleine, meist durch Ausgraben gebildete Weiher bis zum Verkauf an die Fischhändler gesetzt werden. Ist der Boden des Weihers stark von Sumpfpflanzen besetzt oder ist er durch Anschwemmungen sehr erhöht worden, so ist eine Reinigung durch Abtragen der überflüssigen Massen nötig; auch hält man es für gut, von Zeit zu Zeit den Boden umzupflügen und mit Hafer oder anderen Getreidearten zu besäen. Es geschieht dies in der Absicht, der Versumpfung Einhalt zu thun; ausserdem soll dies dem Gedeihen der Karpfen, die sich zum Teil von den ausgefallenen Hafer- oder sonstigen Körnern ernähren, sehr zuträglich sein. Ist ein Weiher ausgefischt, so wird derselbe nach einiger Zeit wieder mit sogenannten Setzlingen d. h. ganz kleinen Karpfen besetzt.

dann hat man Weiher wie in der Senke mit den von uns beschriebenen Weihern.

Es ist richtig: praktisch wird heute so in dem Beseitigen und dem Anlegen der Weiher verfahren. Eine andere Frage wäre aber doch noch die: Sollte nicht etwa die Natur schon vor den Menschen Seen angelegt und dann durch ihren eigenen Bau erst dieselben zur Nachahmung aufgefordert haben? Wir haben vorhin bei unserer Beschreibung schon von natürlichen Verschlüssen gesprochen. Danach scheint also die Natur bei der Abriegelung der Weiher, wenn auch nicht jetzt mehr, so doch früher beteiligt gewesen zu sein. Ausserdem wären doch auch noch die Depressionen ursächlich zu erklären. Gehen wir deshalb näher ein auf die Frage:

Welches war die wahre Ursache für die Bildung der Seen im Sundgauer Hügellande?

Man hat bis jetzt in auffallender Weise die Untersuchung unserer Weiher vernachlässigt. In der Litteratur giebt es meines Wissens so gut wie gar nichts über sie. Auch Delbos und Köchlin, diese genauen Kenner unseres Gebiets, fertigen die Weiher mit folgenden Worten ab (Desc. géol. Bd. I, S. 30): «Les étangs sont très nombreux dans la partie méridionale du département (d. h. du Haut-Rhin). *Les uns sont naturels, les autres artificiels* (eine nähere Angabe, namentlich der natürlichen Weiher, fehlt leider!). Dans l'origine, ces derniers ont sans doute été établis pour la culture du poisson ; plus tard on les a utilisés pour les usines, mais à mesure que ces dernières se sont multipliées et sont devenues plus importantes, on a créé des réservoirs et des retenues d'eau uniquement pour leur usage (es muss dies in Frankreich der Fall sein ; auf deutschem Gebiet nicht!).

Es werden dann die Weiher zwischen dem Rhein-Rhône-Kanal, der Larg und der Linie Bourogne-Courtelevant — Pfetterhausen auf über 100 geschätzt.[1] «IIs (d. h. also doch diejenigen, welche innerhalb der eben angegeberen Begrenzungslinien liegen!) sont tous artificiels et sont cultivés tous les trois, quatre ou cinq ans en avoine et le reste du temps en poisson. . . . .»

Kilian hat auch nur eine kurze Bemerkung für die Weiher übrig:[2] «Les alluvions anciennes, (das sind in erster Linie die Schotter) composées en partie de limon, forment le sous-sol de nombreux étangs artificiels, notamment aux environs de Boron, où la pisciculture se fait sur une assez grande échelle. . . . .»

Diese so gut wie vollständige Nichtbeachtung der Seen im Sundgau zeigt, dass man offenbar ihr eigentliches Wesen bis jetzt verkannt hat.

Wir haben schon vorhin darauf hingewiesen, dass sich bei einigen Weihern noch ganz deutliche Spuren von natürlichen Verschlüssen zeigen. Finden sich solche natürlichen Riegel nur ganz vereinzelt, so kann man von einer ursprünglich natürlichen Seebildung im grossen nicht reden. Allein bei genauerer Untersuchung wird sich zeigen, dass solche Naturriegel durchaus nicht so selten sind. Entweder finden wir diese Ueberbleibsel aus alter Zeit unmittelbar am unteren Ende eines Weihers, indem sie mit dem künstlichen Teil des Verschlusses zusammen den sperrenden Riegel bilden, in der Art, dass an den Seiten, bezw. nur an einer Seite der Rest des natür-

---

[1] Ich habe auf Btt, Friesen allein 95 gezählt. Dazu kommen noch einige nachträglich angelegte!

[2] Notes géol. sur le Jura du Doubs, deuxième partie, in den Mémoires de la Soc. d'émulation de Montbéliard. Bd. XVI. 1885, S. 28.

lichen Dammes sich befindet, der dann künstlich ergänzt ist, oder, was wohl häufiger der Fall ist, die natürlichen Riegelreste befinden sich mehrere, ja 50, 100 und mehr Meter abwärts der nächsten oberhalb von ihnen gelegenen künslichen Riegel.

Wir wollen nun zunächst mehrere von den uns bekannten natürlichen Verschlüssen aufzählen, bevor wir an die Beantwortung der Hauptfrage, wie die Seen gebildet worden sind, herangehen.

Auf Blatt Hirsigen (1: 25000) finden wir südlich von Rüderbach ein besonders gutes Beispiel von einem natürlichen Riegel. Derselbe liegt etwas über 200 m abwärts d. h. nordöstlich von dem dem Dorfe zunächst gelegenen Weiher. Es beginnt hier ein tiefes, durch den natürlichen Riegel hindurchgehendes Erosionsbett, mit steilwandigen Ufern, eingeschnitten in Lehm und den darunter liegenden Schotter. Die Häuser, welche in Rüderbach an dem in der südlich gelegenen Depression sich entwickelnden Bache liegen, befinden sich innerhalb jenes Erosionsbettes. Dieser Bach ist von jeher, und zwar ausschliesslich, durch reichliches Oberflächenwasser gespeist worden, welches von der bis zum Birkenhof sich ausdehnenden Mulde aufgefangen werden konnte.

Auf die beiden natürlichen Verschlüsse bei der südlich Heimersdorf liegenden Seenreihe ist bereits hingewiesen worden.

Westlich von dem mittwegs zwischen Largitzen und Heimersdorf gelegenen Sennrücken, gleich nördlich von Punkt 398,8 befindet sich ein alter, jetzt wasserleerer und in eine Wiese umgewandelter Weiher, dessen Verschluss wegen der darauf befindlichen Vegetation durchaus das Aussehen eines sehr alten Riegels hat. Da derselbe nun ausserdem im Querdurchschnitt von einer ganz ungewöhnlichen Breite ist und ferner an den Enden eine natürliche Fortsetzung in den die Senke begrenzenden Böschungen findet, so darf man hier wohl auf eine natürliche Bildung schliessen.

Aussordentlich deutlich auf einen früheren, natürlichen Verschluss verweist das Bodenrelief westlich der zwischen Largitzen und Bisel gelegenen Barthlihütte. Wir lassen deshalb eine genauere Beschreibung folgen. Drei beträchtliche Senken vereinigen sich gleich westlich der Barthlihütte. Die in südnördlicher Richtung sich erstreckende hat jetzt noch 3 Wasser haltende, ausserdem 2 in Wiesen umgewandelte Weiher; alle zeigen vollständig künstliche Riegel. Auch der Blaisyweiher, in der 2ten Hauptsenke, ist künstlich abgeschlossen; in der Verlängerung des Riegels nach W. treffen wir noch eine Nebensenke, welche in die Hauptsenke mündet. In letzterer, abwärts vom Blaisyweiher, befindet sich noch der Schilligweiher, der ebenfalls einen völlig künstlichen Verschluss zeigt. In der 3ten Hauptsenke liegt der Kurtzelweiher. Die beiden Spitzen am obern westlichen Ende des letzteren deuten schon darauf hin, dass 2 Depressionen, von denen die eine aus N.W., die andere aus S.W. kommt, sich zur Hauptsenke vereinigen. Westlich vom Kurtzelweiher ist ein blauer Punkt auf der Karte angegeben, ein Beweis dafür, dass der dies Gebiet aufnehmende Kartograph hier Wasser angetroffen hat. Jetzt ist die flache Vertiefung jedoch vollständig versumpft.

Die verschiedenen Depressionen hatten nun einen gemeinschaftlichen Verschluss, der ursprünglich über Barthlihütte zwischen den beiden Wegen Largitzen-Bisel sich hinzog. Dieser Verschluss ist ohne Frage später von Wasser durchbrochen worden, wie der im Verhältnis zu den anderen Haupt- und Nebensenken schmale Einschnitt schon andeutet. Dazu kommt, dass diese Erosionsrinne, welche sich von der Barthlihütte bis zu dem 300 m ostnordöstlich davon entfernten Kreuz erstreckt, auf der Südostseite eine ausserordentlich steile Böschung (37°) besitzt; letztere erreicht die Höhe von 6—7 m und zeigt fast bis oben hin anstehenden Kies. Aus unserer Darstellung geht hervor, dass wir es hier mit einem alten, natürlichen und zwar sehr umfangreichen Seebecken zu thun haben.

Bei den Weihern auf Blatt Friesen finden wir ebenfalls viele natürliche Verschlüsse.

Südwestlich vom Dorfe Friesen befinden sich mehrere solcher Seengruppen mit Naturriegeln. In der einen Senke liegen der Klein- und der Gross-Vorderweiher, in einer andern westlich davon der Mittelweiher; beide Senken vereinigen sich bald, wie die beiden Abflussrinnen es schon andeuten. In dem breiteren Thalboden liegen der Stinesweiher und gleich südlich von ihm noch ein neu angelegter, auf der Karte noch nicht verzeichneter Weiher. Auf der Westseite vereinigen sich mit dem Hauptthal 3 Nebenthäler, in deren südlichstem der Fürsten-, der Rincken- und noch 2 kleinere Weiher liegen; in dem mittleren Thal befindet sich nur ein Weiher, während das nördlichste 2, den Ober- und den Niederlochweiher enthält. — Da nun der Stinesweiher bereits in einem späteren Erosionsbett liegt, was durch die hohe, steile Ostböschung angedeutet wird, so müssen wir für die Vorderweiher-, Mittelweiher- und Rinckenweiher-Senken einen gemeinschaftlichen Verschluss und zwar schon gleich südlich vom Stinesweiher annehmen, während die beiden andern Senken ihren besonderen Verschluss hatten.

Südwestlich von Ueberstrass haben wir eine Senke

mit den Metzgerweihern; etwa 250 m nördlich von ihnen vereinigt sich mit derselben die aus S.W. kommende Depression, welche die überschüssigen Gewässer der Perickele-Weiher, des Bann- und des Neuweihers u. s. f. ableitet. Das grosse Erosionsbett, welches wir zwischen Friesen und Ueberstrass, westlich vom Namen Ueberstrass beginnend, finden, ist durch die von den angegebenen Senken angesammelten Gewässer angeschnitten worden.

Wir müssen hier noch auf einen Punkt hinweisen, der von Bedeutung ist.

Es wäre falsch, wenn man sich die die Seen führenden Depressionen von vornherein oberhalb des Hauptriegels ohne jede Querschwelle denken wollte. Es haben auch hier Riegel bestanden. Demnach müssen wir uns auch wieder mehrere, ursprünglich getrennte, kleinere Seebecken hier denken. Lag der Riegel am oberen See höher als der vom unteren, so traten deutlich 2 Becken in die Erscheinung. Statt 2 können auch 3, 4 u. s. f. Becken vorhanden gewesen sein. Es floss nun das Wasser vom oberen See, dessen Riegel durchsägend, in den folgenden mit tieferem Niveau, weil mit tiefer gelegenem Riegel u. s. f.

Wenn infolge bedeutender Niederschläge das Wasser durch die gemeinsame, grosse Abflussrinne nicht schnell genug entweichen konnte, so traten die Seen dann allerdings vollständig mit einander in Verbindung, so dass man nur einen Seespiegel sah.

Der Riegel des oberen Beckens konnte aber auch niedriger als derjenige des unteren sein. In diesem Falle war zunächst nur der Verschluss des letzteren sichtbar. Erst wenn der Seespiegel infolge der Tieferlegung des Seeriegels sank, trat allmählich die bis dahin unsichtbare Schwelle zu Tage, und es bildeten sich jetzt zwei

Seen, bis die Durchnagung des neuen Verschlusses auch den letzten Rest des Wassers verschwinden liess.

Solche Riegel 2ter Ordnung, wenn ich mich so ausdrücken darf, finden wir auch bei unseren zuletzt besprochenen Weihern. So hat der Neuweiher etwa 100 m unterhalb seines künstlichen Riegels einen natürlichen Verschluss gehabt; auch zwischen dem Kumedes- und dem südlichen Perickeleweiher scheint ein solcher bestanden zu haben. Etwa 100 m abwärts von dem künstlichen Damm des nördlichsten Weihers im Perickeleweiher-Thal bestand ein natürlicher Verschluss und 100 m weiter abermals einer. Etwa 250 m nordwestlich vom Metzgerweiher begann dann der grosse Verschluss, von dem wir schon gesprochen haben.

Südlich von der Kapelle Grünenwald befindet sich noch eine Seengruppe von der von uns beschriebenen Art. Etwas über 700 m fast direkt südlich von der erwähnten Kapelle vereinigen sich zwei Depressionen. In einer derselben befinden sich der südlich vom Nerweiher gelegene dreieckige Weiher, ferner der eben genannte und die zwei nördlich von ihm sich befindenden Weiher. Die Senke macht gleich unterhalb der letzteren eine scharfe Wendung nach W. und stösst gleich südlich des kleinen, schmalen, 100 m langen, von N. nach S. gerechnet dritten Weihers mit einer aus S.W. kommenden und 2 Weiher führenden Depression zusammen. Der grosse natürliche Verschluss begann gleich südlich des eben erwähnten schmalen Weihers, welcher bereits ebenso wie die beiden nördlich von ihm gelegenen in der später entstandenen Erosionsrinne liegen. Die ausserordentlich geringe Breite der Spiegel deutet schon auf ein Erosionsbett hin. Bestätigt wird diese Annahme durch die sehr steilen Weiherböschungen (27.—30°), die sich dann unterhalb der Weiher an allmählich breiter werdendem Thale bis Uebers'rass fortsetzen.

Nordwestlich von Pfetterhausen liegen der Ober- und der Nieder-Gerschwiller-Weiher. Beide haben künstlichen Verschluss; doch gleich unterhalb des letzteren bemerkt man deutlich einen natürlichen Riegel; ein solcher zeigt sich abermals etwa 250 m von Punkt 420,9. Das Thal, in welchem die Gerschwiller-Weiher liegen, hat sich mit der Tschallweiher-Senke erst vereinigen können, als der von dem letzteren Weiher östlich sich befindende Riegel durchbrochen war. In diesem Durchbruchsbett liegen die beiden schmalen Weiher östlich vom Tschallweiher. —

Ich denke, wir können hier mit der Aufzählung derjenigen Weiher abbrechen, die ausser ihrem künstlichen Verschluss auch noch natürliche, zur Zeit allerdings ausser Dienst gestellte Riegel besitzen. Es soll aber ausdrücklich gesagt werden, dass sich die ungeführte Zahl mit Leichtigkeit um ein beträchtliches vermehren liesse.

Es ist jetzt gezeigt worden, dass die Natur die Lehrmeisterin für den Menschen gewesen ist. Lange bevor dieser daran dachte, künstliche Weiher anzulegen, hatte die Natur bereits eine sehr grosse Zahl von Mulden oder Wasserbecken geschaffen. Denken wir uns einmal alle jene künstlichen Riegel weg und die noch bestehenden alten Riegelreste vervollständigt, dann haben wir ein annähernd naturgetreues Bild von dem ursprünglichen Zustand der Seenverhältnisse. Eine grosse Zahl von den heutigen Weihern würde ganz verschwinden; wieder andere würden sich zu einem einzigen, grösseren Becken vereinigen.

Es wäre nun die Frage gewiss noch interessant, ob sich nicht noch in historischer Zeit in unserem Gebiete

solche vollkommen natürliche Mulden befunden haben.
Wenn wir die Cassinische Karte, die aus der Mitte des
vorigen Jahrhunderts stammt und sich durch grosse Zuverlässigkeit auszeichnet, zur Vergleichung heranziehen,
so scheint es, als ob die natürlichen Verschlüsse, wenigstens zum Teil, noch bis zu jener Zeit ihre abschliessende
Thätigkeit ausgeübt hätten.

So finden wir z. B. auf Blatt Nr. 165 der eben erwähnten
Karte auf dem gleichen Gebiet, auf welchem sich heute
nördlich der Chaussee Bisel - Feldbach (Blatt Hirsingen)
7 Weiher befinden, nur zwei grosse Becken. Da nun
nördlich vom Brüdungsweiher noch ganz deutlich ein alter
Riegel zu erkennen ist, so gehen wir wohl nicht fehl in
der Annahme, dass zu Cassini's Zeit jene beiden Seen
noch in zwei vollständig natürlichen Becken gelegen haben. Während Cassini auch sonst, z. B. bei
den Weihern südlich von Rue Derbach (Rüderbach, Blatt
Hirsingen), auf der einen Seite scharfe, den heutigen abschliessenden künstlichen Riegeln entsprechende gerade
Linien zeichnet, giebt er bei den Weihern zwischen Bisel
und Feldbach gebogene Linien; ausserdem spricht
auch der auf der Karte gewiss auffällig breite, die
Weiher trennende Streifen für einen breiten natürlichen Riegel.

Wir gehen nun zu unserer Hauptfrage über: Wann
und auf welche Weise hat die Natur die soeben zahlreich nachgewiesenen natürlichen Becken oder Mulden
geschaffen, mit andern Worten: Welches war die allgemeine wirkliche Ursache für die Seebildung im Sundgauer Hügellande?

Man ist zunächst zu der Annahme geneigt, dass die
Mulden in unserem Gebiete von der grossen, nach W.
gehenden Strömung gebildet worden seien, und zwar zu

der Zeit, wie die Schotterablagerung erfolgte. Hiergegen ist jedoch einzuwenden, dass fliessendes Wasser wohl auch Mulden bilden kann, dass dies jedoch verhältnismässig selten vorkommt und dass, wenn es der Fall ist, dieselben anders geformt sind als die Becken im Schottergebiet. Die muldenförmigen Vertiefungen in Strömen haben steile Wandungen und sind meistens von nicht sehr grosser Ausdehnung, während wir es hier nur mit langgestreckten, flachen Becken zu thun haben, die wir zudem in einer auffallend grossen Zahl und in einer bestimmten Anordnung antreffen. — Wie sollen wir uns denn aber die Becken entstanden denken? Wenn im Seengebiet Gips lagerte, so könnte man in ihm die Erklärung suchen, weil derselbe sehr leicht durch Wasser aufgelöst wird. Dies ist nun nicht der Fall; wenigstens ist bis jetzt im Schottergebiet kein Gips nachgewiesen. Ausserdem ist dieser im Sundgau in so geringer Mächtigkeit vorgefunden worden, dass auch eine Annahme von den Kies unterteufenden Gipslagern nicht zur Erklärung der Einsackungen hinreichen würde.

Wenn wir bedenken, dass unser Seengebiet nicht über das Gebiet der das Wasser ausserordentlich leicht[1] durchlassenden Schotter hinausgeht, wenigstens soweit die natürlichen Verschlüsse in Betracht kommen; wenn wir ferner bedenken, dass dasselbe sich vorwiegend im Gebiet des Meeressandes,[2] also einer ausserordentlich leicht, mit der Hand oft zerreibbaren Gesteinsbildung, befindet, und wenn wir endlich bedenken, dass wir uns in einem sehr niederschlagsreichen Gebiet befinden (vgl. die Niederschlagstafeln S. 83. 84), so glaube ich, dass

---

[1] Vgl. Grad, a. O. S. 543 ff.
[2] Delbos und Köchlin, a. O Bd. I, S. 12.

wir hiermit auch vor die Lösung des Seephänomens gestellt sind:

Die Seebecken sind zu denken als Schottereinsackungen, herbeigeführt durch eine in dem überaus leicht zerstörbaren Meeressand stattgehabte starke, unterirdische Erosion seitens der atmosphärischen Niederschläge, welche durch den das Wasser ausserordentlich leicht durchlassenden Schotter hindurchgeflossen sind.

Sobald das Wasser nur erst eine kleine Rinne in den Meeressand eingegraben hatte, so bröckelte auch schon von dem darüber lagernden Schotter ein Stein nach dem andern ab, um dann durch die unterirdischen, namentlich bei Gewitterregen sehr stark fliessenden Bäche mehr oder weniger schnell abgeführt zu werden. Auf diese Weise trug auch der Schotter seinerseits dazu bei, den unterirdischen Hohlraum zu vergrössern und die Einsackung zu beschleunigen. Ja, sollten genauere geologische Untersuchungen ergeben, dass vielfach der Schotter nicht vom Meeressand, sondern von härterem Tertiärgestein unterlagert wird, so würde daraus folgen, dass die Einsackungen in erster Linie durch die Unterwaschung der Schotter herbeigeführt worden sind. — Wie schnell solche Unterwaschung mit nachfolgender Einsackung erfolgen kann, dafür habe ich ein Beispiel. Als ich zum ersten Male die Prommelsweiher (Blatt Hirsingen) besuchte, da war man gerade damit beschäftigt, zwischen dem s. s. ö. von Punkt — 400,8 gelegenen Einbruchsbecken und dem südlich — von ihm sich befindenden Weiher eine unterirdische Verbindung herzustellen. Dass der Kies hier fast keine Lehmdecke hat, zeigt S. 74. Wie ich am 15. April d. J. abermals in diese Gegend kam, da fand ich, dass der Abfluss durch eine recht beträchtliche Einsackung unterbrochen worden war. — Dass diese Einsackungen heutigestags so **sehr selten** vorkommen (vgl. die kleinen, natürlichen Becken, S. 85 ff.), **das hat seinen Grund in der das Wasser ausserordentlich langsam durchlassenden, den Schotter umhüllenden Lehmdecke.** Es bilden sich wohl noch unterirdische Gewässer, die als Quellen zu Tage treten; diese können sich aber, da der Zufluss durch den Lehm hindurch ein sehr langsamer und geringer ist, nicht mehr zu der Stärke von stark erodierenden Bächen entwickeln, wie dies früher der Fall war, als der eigentliche Lehm, ja auch der Löss noch gar nicht vorhanden waren,[1] wie also die gesamten **Niederschläge** (ohne jeglichen oberirdischen Abfluss!) mit **rapider Geschwindigkeit** durch den grobkörnigen Schotter hindurchgingen!

Wir wollen hier ausdrücklich darauf aufmerksam machen, dass die Becken nicht etwa im Niveau des Lehmes, d. h. **über** demjenigen der Schotter sich befinden, dass mit andern Worten nicht der frühere Löss (vgl. die spätere Ausführung), sondern in erster Linie der Schotter an der Muldenbildung beteiligt gewesen ist. Dies geht daraus hervor, dass der Beckenboden, wie man häufig deutlich sehen kann, tiefer als der an den Seiten-

---

[1] Die Thatsache, dass der thonig-sandige Letten — vgl. S. 74 — sich in unserem Gebiete so selten findet — Förster giebt als Fundort nur die Kiesgrube bei Altkirch an (vgl. Geol. Führer, S. 76) — ist ein Beweis dafür, dass entweder derselbe nur an wenigen Stellen abgelagert oder aber doch durch die Erosion bald wieder beseitigt worden sein muss, so dass vor der Ablagerung des Löss die atmosphärischen Niederschläge unbehindert durch den Schotter hindurchgelangen konnten.

wandungen anstehende Kies liegt. Dies kann man ganz besonders gut bei den Prommelsweihern (n. ö. von Largitzen, Blatt Hirsingen) beobachten. Hier sieht man an der Nordseite den Kies oft oben anstehen.[1] Es ist selbstverständlich, dass später bei der Ablagerung des Löss dieser ebenfalls an der Beckenbildung teilgenommen hat, wenn auch nur in dem Sinne, dass er die bereits vorhandenen Becken mit einer Hülle, der späteren Lehmdecke, versah.

Ich will hier noch erwähnen, dass es auch eine kleine Zahl von winzigen Einbrüchen giebt, an denen der Schotter bezw. der Meeressand nicht beteiligt gewesen ist. Solche Einbrüche befinden sich z. B. bei der Moosbrunnquelle s. s. w. von Tagsdorf (Blatt Altkirch). In diesem Gebiet finden wir Wasser, das bald ober-, bald unterirdisch fliesst. An mehreren Stellen treten Quellen zu Tage, und hier sieht man ganz deutlich, dass das Wasser auf einer gelben Lehmschicht fliesst. An den Einbruchsstellen sieht man, dass die über jenem gelben Lehm lagernde Lössschicht eingestürzt ist. Dieses Beispiel weist auf die Möglichkeit hin, dass nach der Ablagerung des Löss im Sundgauer Hügellande an jenen Stellen, wo der von Förster als tertiäre Ablagerung angesprochene sandig-thonige Letten[2] lagerte, infolge der Wasserdurchlässigkeit des Löss ebenfalls sehr gut solche Einbrüche sich haben bilden können. Dort jedoch, wo an den Beckenwandungen bezw. in der Nachbarschaft der Kies höher liegt als wie der Becken-

---

[1] Das Gesamtbecken dieser Weiher ist auch noch in anderer Beziehung lehrreich. Man kann hier an der Waldecke sehr deutlich die schmale Erosionsrinne erkennen. Dazu kommt das Einbruchsbecken, von dem wir später, S. 79, sprechen werden.

[2] Förster, Geol. Führer. S. 76.

boden, haben wir es zweifellos mit Schottereinsackungen zu thun.

Da das Gefälle im Seengebiet ein in der Hauptsache nach N. gerichtetes gewesen sein muss, was aus unserer früheren Darstellung der Ursachen für das südnördliche Fallen unseres Gebietes hervorgeht, so mussten auch die unterirdischen Bäche, die sich bald nach dem Zurücktreten der das Sundgauer Hügelland vollständig bedeckenden Gewässer zweifellos bildeten, im allgemeinen zunächst eine N.-Richtung einschlagen. Da aber die heutigen grösseren Flüsse, wie Ill und Larg, nach dem Zurücktritt der allgemeinen Wasserbedeckung bereits tiefe Erosionsrinnen vorfanden, so mussten jene unterirdischen Gewässer selbstverständlich in jene tiefer gelegenen Rinnen einmünden.

So erklärt sich denn auch die ganz auffällige Erstreckungsrichtung der Weiher, von der wir an anderer Stelle gesprochen haben.

Dem unterirdischen Flusslauf entsprechend erfolgten dann mit der Zeit in grösseren oder geringeren Zwischenräumen Einsackungen, die sich häufiger wiederholt haben dürften.

Wie später die Lössbedeckung des Sundgauer Hügellandes erfolgte, da begann auch die Arbeit des Wassers an der Oberfläche, wenn damit auch zunächst die unterirdische Erosion wegen der verhältnismässig grossen Durchlässigkeit des Löss noch keineswegs ganz aufhörte. Erst als die oberste Lössschicht infolge der fortwährenden Entkalkung seitens der Atmosphärilien in wasserundurchlässigen Lehm (vgl. spätere Ausführung) verwandelt war, da hörte auch jene unterirdische Erosion, wenigstens in grossem Masstabe, auf.

Es ist selbstverständlich, dass dann im Laufe der

Jahrtausende, die seit der Beckenbildung verflossen sind, die Mulden durch die Arbeit der Atmosphärilien umgeformt wurden, so dass das ursprüngliche, rohe Becken (wie wir es heute noch im Kösselhaag beobachten können, vgl. S. 86. 87) einer abgeschliffenen, wohl ausgebildeten, sanftwandigen, breiten, flachen Mulde Platz machte.

Wir wollen nun gleich den weiteren Verlauf der Arbeit der aus diesen Seebecken abfliessenden erodierenden Gewässer verfolgen. Die Becken füllten sich allmählich dauernd mit Wasser (nachdem sich nämlich eine Lehmdecke über dem Löss gebildet hatte), so dass damit erst die eigentlichen, stets Wasser führenden Seen in die Erscheinung traten. In grösseren oder geringeren Abständen lagen sie terrassenförmig untereinander, wie wir dies auch heute noch bei den Weihern sehen. Bald mussten die Seen wegen fortdauernder Speisung durch die Oberflächengewässer überfliessen, und die Durchnagung der Riegel konnte jetzt in energischer Weise stattfinden. Es kam schliesslich der Zeitpunkt, wo die sämtlichen Becken ihres stehenden Wassers beraubt waren, wo statt der Seen sich Flüsschen gebildet hatten.

Dies Bild eines bald in einem alten Seeboden, bald in einem zwei alte Becken verbindenden Erosionsthal fliessenden Bächleins finden wir heute überall in unserem Seengebiet, wenn wir uns die künstlichen Weiherriegel beseitigt denken. Andererseits sind die künstlichen Weiher entweder in solchen Erosionsthälern oder in alten Seebecken angelegt.

Es soll hier noch ausdrücklich darauf hingewiesen werden, dass auch wohl hin und wieder mehrere Weiher in einem ausschliesslich durch oberirdische, also recente Erosion (auf beiden Seiten hohe, steile Böschungen!) hergestellten Thale liegen. Wir finden diese Erscheinung mittwegs zwischen Heimersdorf und dem Grantzele (Blatt Hirsingen) in dem Erosionsthal westlich, und südwestlich des Crin-Waldes.

Fragen wir nun noch, weshalb man in so umfangreichem Masse zur künstlichen Wiederherstellung der trockengelegten und zur Bildung von überhaupt neuen Weihern geschritten ist, so lautet die Antwort: 1. Die Fischzucht ist ein sehr einträgliches Geschäft; 2. Es liegen die Verhältnisse für die Anlage von Weihern gerade in unserem Gebiete ausserordentlich günstig.

Mit dem ersten Punkt brauchen wir uns hier nicht weiter zu beschäftigen. Jeder Weiherbesitzer wird unsere Behauptung bestätigen. Hinzufügen könnten wir allerdings noch, dass bei der Fischzucht neben dem Nutzen auch die Liebhaberei eine gewisse Rolle spielt.

Wie steht es aber mit dem zweiten Punkte? Inwiefern eignet sich unser Gebiet ganz besonders zur Anlage von Weihern?

Drei Dinge sind es, welche dieselbe begünstigen, bezw. ermöglichen.

Zuerst finden wir im Gebiet der alten Schotterablagerung ausserordentlich viele Depressionen, deren Wandungen und Boden schon den grössten Teil der Becken ausmachen. Die menschliche Hand braucht nur einen Querriegel zu ziehen und das Becken ist fertig. Wären die Senken von sehr grosser Breite, so würden, wenn man die natürlichen Böschungen mitbenutzen wollte, die Weiher ein zu grosses Areal einnehmen, das wohl wenigen Leuten zur Verfügung stehen dürfte, oder es müssten die Becken **vollständig** künstlich hergestellt, d. h. ausgegraben werden, was ebenfalls zu grosse Kosten verursachen würde. **Dies wird der Hauptgrund dafür sein, weshalb in den ausserordentlich breiten Thälern im Vogesendiluvium so wenig Weiher sich befinden.** Der Schlossweiher (Blatt Dammerkirch) ist z. B. vollständig ausgegraben; ferner sind der nördlich von Gottesthal gelegene Weiher und der oberhalb an diesen unmittelbar sich anschliessende, vor einigen Jahren erst angelegte und auf der Karte noch nicht verzeichnete Weiher so gut wie vollständig durch Ausgrabung hergestellt.

Die **zweite** Bedingung für die Anlage von Weihern wäre eine **genügende Niederschlagsmenge.** Dass es hieran in unserem Gebiete nicht fehlt, zeigen uns die Niederschlagstafeln S. 83. 84.

Die dritte Bedingung endlich für Weiheranlagen ist diejenige, dass die die Niederschläge auffangende Decke der Gesamtmulde das Wasser nicht zum unterirdischen Abfluss in die Tiefe gelangen, sondern dasselbe den Weiherbecken **auf der Oberfläche** zufliessen lässt. Wir wissen, dass die versiegenden Gewässer im E. des Sundgauer Hügellandes zwischen Basel und Habsheim ihr Wasser an den unterlagernden Kies abgeben. Wie kommt es nun, dass hier im Seengebiet, wo doch auch Schotter liegt, das Wasser nicht versiegt? Die Antwort lautet: Ueberall finden wir eine den Kies umhüllenden Lehmschicht, und Lehm ist so gut wie wasserundurchlässig. So kommt es, dass einmal die die Weiher speisenden Oberflächenwässer nicht schon grösstenteils in den Boden einsickern, bevor sie die Weiher erreichen, und zweitens, dass das im Weiher angesammelte Wasser nur durch Verdunstung oder oberflächlichen, geregelten Abfluss verschwinden kann.

Dass auch in unserem Gebiet das Wasser versiegen würde, wenn die schützende Lehmdecke nicht da wäre, das geht deutlich daraus hervor, dass gleich nach der Anlage eines der Prommelsweiher (n. ö. von Largitzen, Blatt Hirsingen) das Wasser in demselben stets nach ganz kurzer Zeit verschwand. Dies hörte später jedoch auf. Offenbar hatte man bei der Anlage des Weihers durch Ausgraben nachgeholfen, was häufig, namentlich an den Seiten in der Nähe der Riegel, geschieht und hatte dabei unvorsichtiger Weise den Schotter blossgelegt. Wie die betreffende Stelle dann später durch eine auf künstlichem Wege oder durch Anschwemmung erfolgte Auflagerung von Lehm unschädlich gemacht war, da hörte auch sofort das Versiegen des Wassers auf. Die Kiesgrube n. n. ö. von den Prommelsweihern zeigt übrigens, dass die den Kies überlagernde Lehmdecke ausserordentlich dünn ist (vgl. ferner S. 74 oben) — bei der Kiesgrube ist sie gleich Null — und mithin sehr leicht durchstochen werden kann.[1]

Wir wollen noch einige Augenblicke bei diesem so überaus wichtigen Lehm, der für unsere Weiher eine der Hauptlebensbedingungen ist, verweilen.

Wie ist dieser Lehm entstanden? Ist er gleich als solcher aufgetreten? Oder ist er ein späteres, aus

---

[1] Damit in Zusammenhang steht jedenfalls die Thatsache, dass sich gleich nördlich von dem auf der Westseite gelegenen Prommelsweiher noch ein auf der Karte nicht angegebener Weiher befindet, der keinen künstlichen Riegel besitzt und mithin zu den später zu behandelnden natürlichen Weiherbecken zu rechnen ist.

einer anderen Masse hervorgegangenes Umwandlungsprodukt?

Wenn wir bedenken, dass z. B. in der Lehmgrube zwischen Altkirch und Hirzbach, in der Lehmgrube bei Sierenz, in der Lehm- (Kies- und Letten-) Grube bei Allschwil (westlich von Basel) und an sehr vielen anderen Stellen eine engste Verbindung zwischen Lehm und Löss besteht, dass hier Löss und Lehm wechsellagern, dass demnach in diesen Vorkommnissen der Lehm nichts anderes als entkalkter Löss sein kann, so ist wohl die Vermutung berechtigt, dass überhaupt der Lehm im Seengebiet, zum allergrössten Teil wenigstens, nichts weiter als entkalkter Löss ist.

Interessant ist dann aber die Frage: Woher kommt es, dass wir im E. unseres Gebietes so ausserordentlich mächtige Lössablagerungen finden, während dieselben nach W. zu immer mehr verschwinden und dem eigentlichen Lehm Platz machen? Wenn man den von der Lehmgrube bei Sierenz (Blatt Laudser) nach Uffheim führenden Weg verfolgt, so sieht man dort den Löss bis zu 10 m Höhe angeschnitten. Ferner vergleiche man die gewaltigen Lössmassen bei Zillisheim, Rixheim, Pfastatt etc. Gehen wir nun westwärts nach Altkirch, so treffen wir dort wohl gewaltige Lehmmassen, aber verhältnismässig wenig Löss an. In der Kiesgrube südlich von Altkirch habe ich am 18. Oktober 1891 oben 1 m Lehm, darunter 1 m Löss, unter diesem wieder mehrere Meter Lehm gemessen; in der Lehmgrube am Waldrand, unweit des Weges Altkirch-Hirzbach, findet man auf der Ostseite nur Lehm in 8—10 m Mächtigkeit, auf der Westseite dagegen oben 1 m Lehm, darunter 2—3 m Löss, nach E. zu sich vollständig auskeilend, darunter wieder Lehm. Geht man über das Illthal hinüber, so scheint der Löss immer seltener zu werden. Ich habe ihn in einem Hohlweg bei

Rüderbach, ferner gleich westlich vom Südende des Dorfes Hirzbach (beides auf Blatt Hirsingen) gefunden.[1]

Förster unterscheidet nun drei Arten Löss: den älteren, mittleren und jüngeren. Wenn wir demnach einen Vergleich der Mächtigkeit der Verwitterungsdecke des Löss im E. mit derjenigen des Löss im W. unseres Gebietes anstellen wollen, so müssen wir vor allen Dingen gleichalterige Ablagerungen vergleichen. Und da haben wir nun zunächst den jüngeren Löss auszuscheiden, weil er sich nur im E. unseres Gebietes zu befinden scheint. Es kämen also nur noch der mittlere und der ältere Löss in Betracht. Da lag nun der Gedanke ausserordentlich nahe, einfach in ost-westlicher Richtung Messungen der jeweiligen Mächtigkeit der Lehmdecke des mittleren Löss vorzunehmen. Allein, es ergaben sich bald bedenkliche Schwierigkeiten. Zunächst weiss man nie, ob die betreffende Lehmdecke nicht im Laufe der Jahre durch Ab- oder Anschwemmung bedeutend modifiziert worden ist : in einer Vertiefung wird der Lehm mächtiger als auf der Höhe liegen. Dazu kommt, dass von der Höhe die Niederschläge ab- und der Tiefe zufliessen. Es wird hier also eine ungleiche Beeinflussung des Löss seitens der Atmosphärilien stattfinden. Aus diesen Gründen habe ich bald davon Abstand nehmen müssen, in der angegebenen Weise zu messen.

Ich habe nun einen zuverlässigeren Weg gewählt, indem ich die beiden Thatsachen verglich, dass im *W.* der **ältere** Löss durchweg vollständig ent-

---

[1] Vgl. ferner Förster, Geolog. Führer, S. 88 und Delbos und Köchlin, a. O. II. S. 145—153.

kalkt ist,[1] während nach Profil XVIII, S. 79 ebend. der bei Lutterbach, also ganz im E. gelegene ältere Löss sich zum Teil noch als solcher erhalten hat: er selbst ist etwa 1 m mächtig; über ihm lagert eine 2 m dicke Lehmschicht.

Es zeigen diese Erscheinungen sehr deutlich, dass die Entkalkung des Löss im W. eine intensivere als im E. gewesen sein muss.

Woher kommt nun aber diese ungleichmässige Entkalkung?

Es ist eine längst bekannte Thatsache, dass die atmosphärischen Niederschläge vermöge ihres Kohlensäuregehaltes imstande sind, den kalkhaltigen Löss seines Kalkes zu berauben und so in Lehm zu verwandeln. Wenn wir uns nun die Niederschlagsverhältnisse im Sundgauer Hügellande ansehen, so finden wir, dass von E. nach W. die Niederschlagsmengen in sehr erheblichem Masse zunehmen (vgl. S. 83. 84). Damit hätten wir denn auch die Lösung für unsere Frage: Die Mächtigkeit der Lehmdecke nimmt von *E.* nach *W.* zu, weil die Niederschlagsmengen von *E.* nach *W.* zunehmen.

Wir lassen für unser Gebiet das uns zur Verfügung stehende meteorologische Material hier folgen.

1. In den «Beobachtungen der atmosphärischen Niederschläge in Elsass-Lothringen während der Jahre 1874—1882, Strassburg 1883 (zusammengestellt im Ministerium für Elsass-Lothringen)» finden wir folgende jährliche Niederschlagsmengen für die Orte:

---

[1] Vgl. auch Förster, Geol. F., Profil XI, S. 63 und Profil XV, S. 75.

— 83 —

Mülhausen:[1]	Hüningen:	Wolfersdorf:[2] (bei Dammerkirch)
1877: 707,3 mm.	724,0	914,8
1878: 638,6	790,1	845,7
1879: 784,1	788,3	959,0
1880: unvollst.	785,1	886,0
1881: 647,2	654,5	762,9
1882: unvollst.	786,3	1130,8

2. In seinen «Essais sur le climat de l'Alsace et des Vosges, Mulhouse 1870», giebt Ch. Grad folgende für uns wichtige Jahresmittel an Niederschlägen an (Beobachtungsjahre 1859—1862):

    für Gottesthal 1016 mm.
    „ Delle 927 „
    „ Bourogne 810 „
    (n. n. w. von Morvillars)[3]

3. Die «Ergebnisse der meteorologischen Beobachtungen im Reichslande Elsass-Lothringen im Jahre 1890, herausgegeben von Dr. Hergesell, Strassburg 1892», zeigen uns sehr deutlich die Zunahme der Niederschlagsmengen von E. nach W.:

Hüningen a/Rhein (ggr. L. ö. v. Greenw.: 7°35') mit 523,8 mm. Niederschl.
Tagolsheim („ „ „ 7° 16') „ 868,4 „ „
Dammerkirch („ „ „ 7° 7') „ 935,6 „ „

4. Das von Herrn stud. Rubel-Strassburg ver-

---

[1] Mülhausen dürfte wohl annähernd dieselben Niederschläge wie Lutterbach haben, wo der noch nicht ganz entkalkte ältere Löss sich befindet.

[2] Hier lagert nach Förster, a. O. S. 58, vollständig entkalkter älterer Löss.

[3] Etwas abweichend von den obigen Angaben sind diejenigen, die wir in Grads Essai sur l'hydrologie du bassin de l'Ill (Bull. de la Soc. Ind. de Mulhouse, Bd. 36, S. 529) finden, obgleich ihnen die gleichen Beobachtungsjahre zu Grunde liegen, nämlich für
    Gottesthal 1076 mm.
    Delle 935 „
    Bourogne 840 „

arbeitete und mir freundlichst handschriftlich zur Verfügung gestellte Material:

Mülhausen:	Mülhausen (Zool. Garten):	Hüningen:	Tagolsheim:	Dammerkirch:	Wolfersdorf:
1881: 782,6 mm.	771,0 mm.	654,2 mm.	785,5 mm.	982,9 mm.	782,9 mm.
1882: 879,0	898,3	785,3	999,1	1294,6	1130,8
1883: —	613,4	578,4	709,5	860,7	792,1
1884: —	533,0	494,6	563,2	688,8	637,0
1885: 742,4	847,9	576,5	900,6	990,3	1212,2
1886: 746,8	893,9	739,5	1059,6	1022,3	940,2
1887: 634,4	727,6	461,1	892,5	868,5	793,9
1888: 605,7	697,2	585,6	881,9	unvollst.	741,4
1889: 600,5	706,9	552,2	918,9	„	801,2
1890: 612,3	737,9	523,8	868,4	935,6	747,3

Dass in unserem Gebiet von einer bestimmten Grenze an die Niederschlagsmengen nach W. zu wieder abnehmen, zeigen die Grad'schen Angaben. Leider fehlt es noch an einer genügenden Zahl von Beobachtungsstellen, namentlich auf französischem Gebiet, um mit Sicherheit diese Grenzlinie festlegen zu können.

Festgestellt sind immerhin durch die obigen Angaben die beiden Thatsachen:

1. Dass die Niederschlagsmengen bei Bourogne etc. immer noch bedeutend grösser als am Ostrande des Sundgauer Hügellandes sind, und

2. Dass die Niederschlagsmengen im Sundgauerhügellande von E. bis ziemlich weit nach W. **sehr erheblich zunehmen.** —

Wenn wir nun annehmen — und es ist kein Grund vorhanden, dies nicht zu thun — dass viele Jahrtausende hindurch eine solche örtlich ungleiche Beeinflussung des Sundgauer Löss seitens der Atmosphärilien stattgefunden hat, so dürfte sich daraus wohl erklären, weshalb im E. des Sundgaus der Löss nicht so sehr entkalkt ist als wie im W. —

Die Frage, weshalb sich im Ostsundgau keine Weiher befinden, ist nun durch unsere Darlegungen erledigt: es fehlt zunächst an den nötigen Niederschlagsmengen und dann vor allem an einem wasserundurchlässigen Boden. Der Löss — es fehlt im E. dem jüngeren Löss noch an einer eigentlichen, wasserundurchlässigen Lehmdecke — lässt bekanntlich ziemlich leicht Wasser durch, d. h. wenn er wegen geringer Niederschläge nicht vollständig plastisch wird, so dass an eine oberflächliche Speisung von Weihern nicht zu denken ist.

Ehe wir unsere Seen verlassen, wollen wir noch eine ganz geringe Zahl von Weihern anführen, die unter die von uns beschriebenen nicht gut subsummiert werden können, da sie in unserem Gebiet zur Zeit als die einzigen vollständig oder doch so gut wie vollständig natürlichen Becken angesprochen werden müssen. Ob es auch auf französischem Gebiet noch derartige Weiher giebt, kann ich nicht sagen.

Wenn man auf der Karte den Weg von Largitzen (Blatt Hirsingen) nach Füllern (Blatt Friesen) verfolgt, so findet man westlich desselben, nordwestlich von Punkt 409, einen kleinen Weiher, der eine länglich-runde Form hat. Dies stimmt mit der Wirklichkeit überein. Derselbe hat ausserdem steile — der Böschungswinkel beträgt 37° — 4 Meter hohe, natürliche Böschungen bis auf die Westseite, wo etwa in der Höhe des Wasserspiegels ein nach W. fortlaufendes Thal beginnt. Am oberen Ende des Weihers finden wir einige Meter vom Wasserrande entfernt, aber innerhalb des grossen Beckens, 4 Dolinen, die oben 4 bis 5 m Durchmesser zeigen. In ihnen befinden sich wieder mehrere kleinere Vertiefungen.

Westlich von Punkt 409 in der Waldecke, also in fast unmittelbarer Nähe des eben beschriebenen Weihers, befindet sich eine wasserleere, länglich-runde, im grössten Durchmesser etwa 50 m messende Mulde, die ihrerseits wieder aus mehr oder weniger deutlich erhaltenen, kleineren und grösseren Dolinen zusammengesetzt ist. Diese liegen mit ihren Rändern aber etwa 1 m niedriger als der Hauptrand des ganzen Beckens. Diese trichterförmigen Dolinen haben oben mehrere Meter Durchmesser, sind etwa 1 m tief und zeigen einen Böschungswinkel von annähernd 25°. Man sieht deutlich, dass die nachträgliche Arbeit der Atmosphärilien die Böschungen sanftwandiger gemacht hat. Im ganzen habe ich 9 Dolinen gezählt.

Wenn wir den Weg nach Füllern weiter verfolgen, so finden wir gleich auf Blatt Friesen östlich von demselben und südöstlich von Punkt 397,5 wieder einen kleinen Weiher, ähnlich dem vorhin beschriebenen. Die Beckenform ist dieselbe. Nach der Waldseite zu hat er eine Abflussrinne. Der Boden ist nur zur Hälfte mit Wasser bedeckt; am obern, wasserleeren Ende erkennt man in dem höckerigen Boden den letzten Rest von zerstörten Dolinen. Böschungs-Winkel und -Höhe sind etwa dieselben wie bei dem Wasser haltenden Weiher auf Blatt Hirsingen.

Eine ähnliche Erscheinung wie der letzte Weiher ist der etwa 650 m westlich von ihm gelegene, zwischen dem Heydenlachen- und dem Simmelacher Weiher.

Die beiden, südwestlich von dem letztgenannten gelegenen kleinen Weiher, südlich von Punkt 388,4, sind ohne Abflussrinnen. Der kleinere ist birnenförmig, der grössere mehr rund. Beide enthalten Wasser, sind aber nicht so gross wie die vorhin genannten Weiher.

Südsüdöstlich vom Heydenlachen-Weiher befindet sich im Kösselhaag ein Becken, das bei meinem Besuch am 27. Sept. 1891 vollständig wasserlos war. Der Beckenboden war jedoch stark versumpft; bei einem späteren Besuche fand ich ziemlich viel Wasser vor. Die Form ist eine länglich-runde; die Längsachse beträgt gut 60 m und die Tiefe etwa 3 m. Der Boden ist durchaus nicht gleichmässig eben: es kommen häufig Höcker darin vor; man erkennt hier wieder die Reste alter Dolinen. Die Umrandung besteht aus Lehm. Auf der Westseite befindet sich eine Abflussrinne. In grosser Zahl (etwa 12) und in sehr gut erhaltener Form finden wir rings um das Hauptbecken, ganz nahe am Rande, in kleinen Abständen sich folgende Dolinen vor. Diese sind entweder völlig isoliert oder sie sind auf der dem Hauptbecken zu gelegenen Seite mit diesem bereits infolge der Durchnagung des Randes durch das abfliessende Wasser in Verbindung getreten. Bei meinem Besuch am 6. April d. J. — es waren seit 3 Wochen keine Niederschläge gefallen — waren die meisten mit Wasser gefüllt. Die Dolinen, von denen die meisten eine schöne Trichterform haben, besitzen oben einen Durchmesser von 4—5 Metern und sind einige Meter tief.[1]

Zu diesen natürlichen Weihern haben wir auch noch den auf S. 79 in der Anmerkung angegebenen Weiher zu rechnen.

Wenn man die beschriebenen Becken insgesamt ins Auge fasst, so fällt es auf, dass sie so ausserordentlich

---

[1] Wenn man von dem eben beschriebenen Becken ostwärts aus dem Walde heraustritt, so findet man dort eine grosse tiefe Mulde vor, welche den Anfang von dem den Grossweiher (ostsüdöstlich von Füllern) enthaltenden Thale bildet. Seinen Abschluss hatte dieser Kessel ursprünglich nordöstlich von dem im Kösselhaag gelegenen Weiher. Man sieht hier keine Dolinenreste mehr; die Wandungen sind durchaus eben. Es kann aber keine Frage sein, dass das Becken im Kösselhaag und diese Mulde derselben Ursache ihre Entstehung verdanken.

nahe bei einander liegen. In unserm ganzen Seengebiet haben wir sonst nirgends ihnen vollkommen gleiche Erscheinungen gefunden, und hier treffen wir auf so eng begrenztem Gebiet mehrere, von allen andern abweichende, gleichartige Becken. Dies lässt von vornherein auch auf eine gleichartige Bildung schliessen.

Man könnte, wenn man z. B. nur das Becken beim Heydenlachen-Weiher angetroffen hätte, wegen der Nähe des mit Kiesen gepflasterten Weges zu der Annahme kommen, dass wir es hier mit einer alten Kiesgrube zu thun haben. Wie will man aber die andern Becken erklären? Dasjenige östlich vom Heydenlachen-Weiher liegt allerdings auch an einem Wege; dieser ist aber ein ganz gewöhnlicher Feldweg, und dann müsste doch, falls dies eine alte Kiesgrube sein sollte, aus derselben heraus noch ein alter Weg führen, von dem man wenigstens noch Spuren sehen könnte. Doch die steilen Böschungen verlaufen ununterbrochen gleichmässig, so dass hier an eine alte Kiesgrube nicht gedacht werden kann.

Und das Becken im Kösselhaag? Wenn nicht schon die von den Wegen weit entfernte Lage dafür spräche, dass wir eine derartige Annahme fallen lassen müssen, so würden wir hierzu durch die Dolinen gezwungen werden. — Der letztere Grund gilt auch für die auf Blatt Hirsingen angeführten Mulden.

Bezüglich der andern Becken müssen wir ebenfalls wegen ihrer weiten Entfernung von chaussierten Wegen und ferner wegen des Nichtvorhandenseins von Fahrwegen, welche aus den Becken herausführen, gleichfalls die Annahme, die Becken seien alte Kiesgruben, entschieden fallen lassen.

Was können sie denn aber sein? Wir haben es hier zweifellos mit kleinen Einsackungen neueren Datums zu thun, die auf ganz dieselbe Weise wie die früher von uns beschriebenen entstanden sind. — Wir haben damals gesehen, dass die in grossem Massstabe erfolgten Einsackungen dreierlei Ursachen hatten: reichliche Niederschläge, schnelle Wasserdurchlässigkeit der über dem Meeressand lagernden Massen und weiches den Schotter unterlagerndes Tertiärgestein. Wir fügten hinzu, dass heute aus dem Grunde keine Einsackungen mehr stattfänden, weil der Schotter von einer wasserundurchlässigen Lehmschicht umgeben sei. Wie liegen denn nun hier die Verhältnisse? Die Niederschläge sind jedenfalls sehr reichliche, wie wir schon aus der reichlichen Quellenspeisung ersehen können. Wenn man das fragliche Gebiet besichtigt, so ist man erstaunt über die grosse Menge hier quellenden Wassers. Auch die vielen südlich vom Kohlberg gelegenen kleinen Wasserbehälter verweisen auf reichliche Quellenspeisung. — Dass wir uns ferner höchstwahrscheinlich im Gebiet des leicht zu erodierenden Meeressandes befinden, zeigt Band I, S. 12 der Descr. géol. etc. von Delbos und Köchlin. — Wie steht es aber mit der 3ten Bedingung? Wasser durchlassender Schotter ist schon da, wie man sich überzeugen kann. Fehlt aber auch die wasserundurchlässige Lehmschicht? Wenn man den Weg von Friesen (Blatt Friesen) nach dem nordöstlich von diesem Dorfe gelegenen Kösselhaag verfolgt, so kann man vor und in dem Walde fast an der Oberfläche anstehenden Kies beobachten. Wenn man ferner von den w. s. w. vom Simmelacher Weiher (Blatt Friesen) gelegenen kleinen Weihern westlich geht und den im Wald beginnenden Fussweg betritt, so sieht man ebenfalls an der Oberfläche anstehenden Schotter. (Vgl. ferner das S. 79 in der Anm. bezüglich der Schotter bei den Prommelsweihern Gesagte.) Dies beweist, dass, wenn auch nicht das ganze die in Frage stehenden Weiher umschliessende Gebiet, so doch wenigstens ein Teil desselben von der das Wasser abhaltenden Lehmdecke befreit ist, dass an diesen Stellen demnach die atmosphärischen Niederschläge mit Leichtigkeit in den Schotter und damit auch an das letzteren unterlagernde Tertiärgestein haben gelangen und somit ihre Erosionsarbeit haben aufnehmen können. Dass das Becken im Kösselhaag eine anscheinend beträchtliche Lehmdecke aufweist, spricht durchaus nicht gegen unsere Annahme. Es ist nicht nötig, dass das Wasser gerade über der Einsackungsstelle in die Tiefe gedrungen ist, im Gegenteil: die Einsackungen werden erst dort erfolgt sein, wo sich das eingesickerte Wasser zu einem fliessenden, stärkeren, erosionsfähigen Gewässer hat vereinigen können.

Diese recenten Einsackungen, die als solche ausser aller Frage stehen, bilden für unsere frühere Annahme, dass die Becken im Schottergebiet ebenfalls als Einsackungen anzusprechen sind, eine nicht zu unterschätzende Stütze.

Zusammenfassung.

Unsere Untersuchungen haben uns zu folgenden Hauptergebnissen geführt:

1. Es kam zur Oberpliocänzeit eine Strömung, deren Niveau die Maximalhöhe von etwa 530 m in der Bettlacher Gegend (Messtischblatt Volkensberg) erreichte und welche annähernd so stark wie der heutige Rhein, jedoch in weit grösserer Breite als dieser floss, aus dem Osten von Basel her und ging, durch den Sundgau hindurch-

fliessend, zunächst westwärts nach dem Saônethal zu, um später jedoch infolge der zunehmenden Grabenversenkung zwischen Schwarzwald und Vogesen, abwärts Basel einen nördlichen Verlauf zu nehmen.

2. Das heutige Relief des Sundgauer Hügellandes im E. der primären Wasserscheide ist hauptsächlich das Werk der westlich von Basel in grossem Bogen nach N. umbiegenden alten Westströmung. Dieselbe liess ihrem Verlauf entsprechend bei ihrem Zurücktreten aus dem Hügellande in konzentrischen Halbkreisen verlaufende Rücken und Rinnen zurück, die dann allerdings im Laufe einer sehr langen Zeit durch die Arbeit der Atmosphärilien mehr oder weniger stark umgeformt worden sind. Die heutigen breiten, tiefen, sanftwandigen Thäler sind in der Hauptsache jene Rinnen.

3. Eine Reihe von Bächen, welche zwischen Basel und Habsheim aus dem Sundgauer Hügellande kommt, versiegt alsbald nach dem Eintritt in die oberrheinische Tiefebene aus dem Grunde, weil der ausserordentlich leicht Wasser durchlassende Kies durch keine wasserundurchlässige Lehmdecke geschützt ist.

4. Eine grosse Menge von kurzen, tiefen, schmalen, steilwandigen Runsen im Sundgauer Hügellande ist das ausschliessliche Werk der erodierenden Atmosphärilien.

5. Die zahlreichen Seen (Weiher), welche sich westlich des Illbettes bis Morvillars und südlich des Rhein-Rhône-Kanals befinden, sind in ihrer heutigen Form fast ausnahmslos künstlichen Ursprungs. Bevor man jedoch an die künstliche Herstellung derselben noch denken konnte, hatte die Natur eine erhebliche Zahl von Becken gebildet, die heute noch in ihren mehr oder weniger gut erhaltenen Trümmern erkannt werden können. Diese

Becken sind durch Einsackungen der den Meeressand überlagernden Schottermassen entstanden. Die Existenz der heutigen Weiher ist bedingt
    a) durch jene alten Depressionen und die dieselben verbindenden Erosionsthäler, welche die Anlage von Weihern sehr bequem und mithin wenig kostspielig machen;
    b) durch die reichlichen Niederschläge;
    c) durch die den Schotter überlagernde, wasserundurchlässige Lehmdecke.

6. Die Entkalkung des Löss ist im W. des Sundgauer Hügellandes weiter vorgeschritten als im E. Dies kommt daher, weil die atmosphärischen Niederschlagsmengen, welche jene Entkalkung herbeiführen, im W. bedeutend grösser sind als im E.

Lebenslauf.

Gustav Klähn, geboren am 18. Dezember 1855 zu Techentin in Mecklenburg-Schwerin, evangelisch-lutherischer Konfession, Ostern 1875 von dem Realgymnasium zu Ludwigslust mit dem Zeugnis der Reife entlassen, widmete sich dem Studium der neueren Sprachen zu Berlin und Greifswald. Im Februar 1880 erwarb er sich auf letzterer Universität die fac. doc. im Englischen und Französischen und wurde Ostern 1880 als Lehrer an der städtischen Mittelschule in Mülhausen i. Els. angestellt.

Im Juni 1890 unterwarf er sich in Strassburg einer Erweiterungsprüfung in der Geographie. Am 24. Juni 1892 erfolgte seine Ernennung zum Oberlehrer und am 29. Juli dieses Jahres bestand er sein Colloquium in Strassburg.

Während seiner Studienzeit besuchte er die Vorlesungen der Herren Professoren †Droysen, Herrig, Tobler, Zeller, Zupitza, †Schmitz, Schuppe, denen er ein lebhaftes Dankesgefühl und treue Erinnerung bewahrt. **Herrn Professor Gerland-Strassburg fühlt sich derselbe für freundliche Unterstützung noch zu ganz besonderem Danke verpflichtet!**